한권으로 이해하는 중국 차문화

한권으로 이해하는 중국 차문화

초판발행 2007년 4월 25일
초판3쇄발행 2019년 4월 15일

지은이 이진수
펴낸이 이연창
펴낸곳 도서출판 지영사
책임편집 김명
사진 하형우
다구협찬 소슬다원
주소 서울특별시 성북구 성북로 28길 40 낙원연립 라-102
전화 02-747-6333 / 팩스 02-747-6335
이메일 maitriclub@naver.com
등록 1992년 1월 28일 제1-1299호

값 25,000원
ISBN 978-89-7555-151-2 03900

한 권으로 이해하는
중국 차(茶) 문화

이진수 지음

머리말

우리나라의 차 문화는 일부 선각자들의 노력에 힘입어 명맥을 유지해왔다. 1960년대까지 사찰의 승려 등 일부 계층에서 즐기던 차가 현재처럼 대중화가 이루어진 것은 선배 차인들의 노력 덕분이다. 차의 재배와 가공기술이 발달하고 '참살이'에 관심을 갖는 대중들의 호응에 힘입어 국내의 차 관련 산업도 비약적인 발전이 이루어졌다.

차는 전 세계 60여 개국에서 생산된다. 그리고 차는 이미 세계인의 음료가 되었다. 차의 원산지는 중국이라고 알려져 있고, 차문화에 관한 전통과 연구도 중국의 영향아래 있는 것을 부정할 수는 없다. 우리 입장에서는 중국 차문화에 대한 체계적인 연구를 통해서 한국 차문화도 정립해 나가야 한다. 1980년대까지 주로 대만을 통해 중국 차문화를 접하다가 1992년 한중국교정상화가 이루어진 뒤에는 대륙과 본격적인 교류가 이루어졌다. 이젠 국내의 차문화는 중국 차문화를 제쳐놓고 이야기하기는 어려운 상황에 이르렀다.

차, 차 도구, 차 관련 서적 등 중국 차문화는 국내시장에 무차별적으로 영향을 미치고 있는 실정이다. 그러나 중국 차문화를 체계적으로 정리하고 공부하는 노력은 아직 너무 부족한 상황이다. 이제부터라도 자료에 근거한 정확한 중국 차문화의 연구, 교육이 필요한 시점이다. 체계적인 교육의 필요성이 느껴진 탓인지 최근에 대학에 차 관련 강의가 몇 곳에서 개설되어서 이론과 실제를 겸한 전문가를 배출해내기 시작한 것은 다행스러운 일이다. 필자가 몸담고 있는 원광대학교에도 디지털대학에 〈차문화경영학과〉를 개설하였고, 최근에는 대학원 박사과정에 〈차 전공과정〉을 개설하였다. 또한 〈사회교육원〉에도 차 관련강의를 개설하여 좋은 반응을 얻고 있다. 이러한 과정에서 체계적으로 가르치고 배울 수 있는 교재가 부족함을 절실하게 느꼈다. 앞으로 여러 연구자들과 힘을 모아서 교재를 개발해나가려고 한다.

　이 책은 중국 차문화의 입문과정으로 기획되었지만 중국 차문화 관련 자료가 부족한 현실을 감안한다면 연구자들에게도 좋은 참고자료가 될 것이다. 아직은 자료가 충분하지 않고 연구도 미진한 부분이 많지만 지속적으로 보완해 나갈 것을 약속한다. 이 책을 준비하는데 도움을 준 여러 사람들의 노고에 감사드린다.

2007. 3.

저자

차례

머리말 4

1 차의 역사 11

차문화의 변천사 13
'차' 자의 출현과 변천 46
육우와 『다경』 53

2 차나무 63

차나무의 식물학적 특성 65
차나무의 생육환경 71
차나무의 육종 75

3 중국차의 분류 87

생산지에 따른 분류 89
제차방법에 따른 분류 125
발효정도에 따른 분류 151
채차시기에 따른 분류 153

④ 중국의 명차 157

- 서호용정차 160 • 동정벽라춘 161 • 안길백차 161 • 황산모봉 163
- 육안과편 164 • 백호은침 165 • 백목단 166 • 군산은침 166
- 곽산황아 168 • 대홍포 169 • 육계 170 • 철관음 172 • 황금계 173
- 봉황단총 174 • 송종 노차왕 175 • 대만 오룡차 175 • 백호오룡 176
- 보이차 178 • 칠자병차 179 • 천량차 179 • 육보차 180 • 기문홍차 182
- 정산소종 183 • 홍쇄차 184

⑤ 다구 185

다구의 변천과 발전 187
다구의 종류 199

⑥ 차 우리기와 차예 205

차 우릴 때 중요한 요소 207
유리잔에 녹차 우리기 215
개완배에 오룡차 우리기 223
자사호에 보이차 우리기 231
차예 238

7 품평 249

- 품평의 목적 253
- 품평실의 환경 253
- 품평 도구 254
- 품평용 물 257
- 품평원의 자질 258
- 품평의 순서와 방법 259
- 품평의 실제 263

8 현대의 차문화 293

근대의 차문화 295
현대의 차문화 303

부록

소수민족의 차 321
찾아보기 334

일_러_두_기

['茶' 자 표기에 대한 기준]

- '다' 로 쓴 경우
    ① 이미 잘 알려진 차 관련 고전표기의 경우
      예 『다경茶經』, 『다소茶疏』, 『대관다론大觀茶論』, 『동계시다록東溪試茶錄』
    ② 관습적으로 이미 익숙해진 경우
      예 다구茶具, 일상다반사日常茶飯事
    ③ 품격을 높일 경우
      예 다성茶聖, 다신茶神, 다선茶仙, 헌다獻茶
- '차' 로 쓴 경우
    ① 중국의 발음을 존중한 경우
      예 차예茶禮, 차엽茶葉, 음차飮茶, 제차製茶, 차원茶園
    ② 고유명사
      예 중국명차지中國名茶誌, 중국차엽박물관中國茶葉博物館
- 그외의 경우에는 '현지 발음을 존중한다' 는 원칙에 따라 '차' 로 표기했다.

1장
차의_역사

歷史

차문화의 변천사

차의 기원

인류가 차를 기호음료로 이용하기 시작한 지 이미 3천 년이 넘었다. 드넓은 중국 어느 곳에서, 누가, 언제부터 차를 야생식물에서 재배식물로 이용하게 되었을까? 이러한 의문은 식물학이나 민족학, 역사학의 연구를 통해서 풀어야 하는 매우 흥미있는 문제이다.

차의 기원은 언제이고, 차나무의 원산지가 어디인가 하는 것은 사람들이 오랫동안 가져온 질문이지만 뚜렷한 결론은 아직 없다. 중국에서는 중국이 차의 원산지이고, 인류가 차를 발견하고 이용하기 시작한 것이 4~5천 년의 역사를 가지고 있으며, 인류가 차를 마시기 시작한 것은 기원 전 2천700년 전인 신농씨가 살던

시대라고 주장하고 있고. 그 견해가 크게 틀리지 않고, 고차수古茶樹의 발견으로 현재 학계에서는 중국이 원산지임이 정설로 인정받고 있다.

차나무의 원산지는 중국의 운남, 귀주, 사천 일대의 분지로 그 지방의 기후는 온난다습하여 차나무 생장에 이상적인 곳이다. 제3기 말에서 제4기 초기에 갑자기 한랭기가 닥쳐 빙하기가 있었고, 대부분의 아열대식물들은 죽었다. 그 당시 빙하기의 영향을 가장 적게 받은 곳이 지금의 운남, 귀주 사천 일대로 오래된 야생 차나무가 자생하고 있다.

현재 중국에는 운남, 귀주, 사천, 광서, 광동, 호남, 복건, 강서 등 10여 개 성 198군데에서 야생 차나무가 발견되고 있다. 특히 운남의 남나산대차수南糯山大茶樹 등의 발견으로 이미 5천 년의 야생 차나무 역사를 알 수 있고, 차나무 재배 역사도 3천여 년이 되었음이 밝혀졌다.

차문화의 시작

차를 마시기 시작한 것은 신농 시대부터인데, 약초를 맛보다가 중독이 되었을 때 찻잎을 먹고 해독이 되었다는 기록과 "차를 오래 마시면 힘이 나고 마음이 즐거워진다"는 『신농식경』의 내용에서 알 수 있다. 이 시대에 찻잎은 약용으로서 해독작용과 카페인에 의한 효능이 이용되었다. 이러한 차나무는 야생에서 자생하던 차

운남성에 있는 1천 700년 된 고차수古茶樹로 해발 1천800미터에서 자라는데 높이가 무려 31미터나 된다.(왼쪽사진)

음차에 관한 가장 믿을 만한 기록인 전한시대 왕포가 기록한 노비매매문서인 『동약』

나무였고, 차나무가 자라는 곳의 주민들이 주로 이용하였을 것이다.

청나라 때 고염무가 진시황에 의한 중국 통일로 지금의 사천지방인 촉나라가 영토로 편입되면서 비로소 중원지방에서도 차를 마셨다고 『일지록』에 기록한 것을 보면 차는 춘추 전국시대부터 마셨다고 볼 수 있다.

음차에 관한 가장 믿을 만한 기록은 전한의 왕포가 기록한 노비매매문서인 『동약』이다. 『동약』에는 노비가 해야 할 일을 조목조목 적어놓았는데, 그 내용 중에는 지금의 사천성 성도와 가까운 무양지방에 가서 차를 사오고, 차를 끓이고 정리해야 하는 구절이 있다. 그러므로 지금으로부터 2천여 년 전에 중국에서는 이미 차를 마시고 있었음을 알 수 있다.

차가 발견되고 이용되면서 차츰 일상생활에 필수품이 되었고, 시대의 변화에 따라 사회·경제·문화 등과 긴밀한 관계를 맺어 왔다. 오늘날 차는 이미 중국을 비롯하여 전 세계인의 보건음료로 사랑받고 있으며, 정신적인 음료로서도 중요한 역할을 하고 있다.

차와 함께 만들어진 인간의 생활문화와 정신문화를 통틀어 차문화라고 하는데 이것은 다시 자연과학과 인문과학으로 크게 나눌 수 있다. 그러나 일반적으로 차문화라는 용어는 인문과학적인 면을 말한다.

차문화는 차를 매개체로 하여 인간의 삶의 질을 향상시키는 것이 목적이다. 따라서 옛사람들의 차관련 발자취인 차의 역사를 살펴보면 차문화는 저절로 알게 된다.

고대 차문화의 발전사

중국은 세계 최초로 차를 발견하고 이용한 나라이며 이미 5천 년의 차역사를 가지고 있다. 차의 원산지로 알려진 사천성의 옛 지명인 파촉지방巴蜀地方을 중심으로 최초로 차의 생산과 소비가 이루어졌고 전국으로 전파되었다. 중국 고대 차문화의 발전은 다음과 같이 크게 4단계로 나눌 수 있다.

파촉 중심의 차문화

기원 전 221년 이전은 중국의 원시사회로 차의 발견과 이용의 초기단계이다. 또한 재배가 시작된 단계이기도 하다. 파촉지방에서 생산된 차가 공품으로 진공되었던 기록도 있다.

육우 『다경』에 "차를 마신 것은 신농에서 부터이다"라는 기록에 의하면 신농시대, 즉 기원 전 2737년에 차가 있었다는 말이 된다. 파촉 이전의 기록을 알 수 있는 『신농본초경』에 의하면 "신농이 여러 가지 풀을 맛보다가 72가지 독에 중독되었고, 차를 마시고 해독이 되었다"라고 하였다. 이는 중국에서 차의 약용에 관한 최초의 기록이지만 『신농본초경』이 한나라 때에 쓰여진 책으로 많은 부분이 전설이어서 다 신뢰할 수는 없다.

머리는 소이고 몸은 사람의 형상인 전설상의 신농神農 씨의 모습

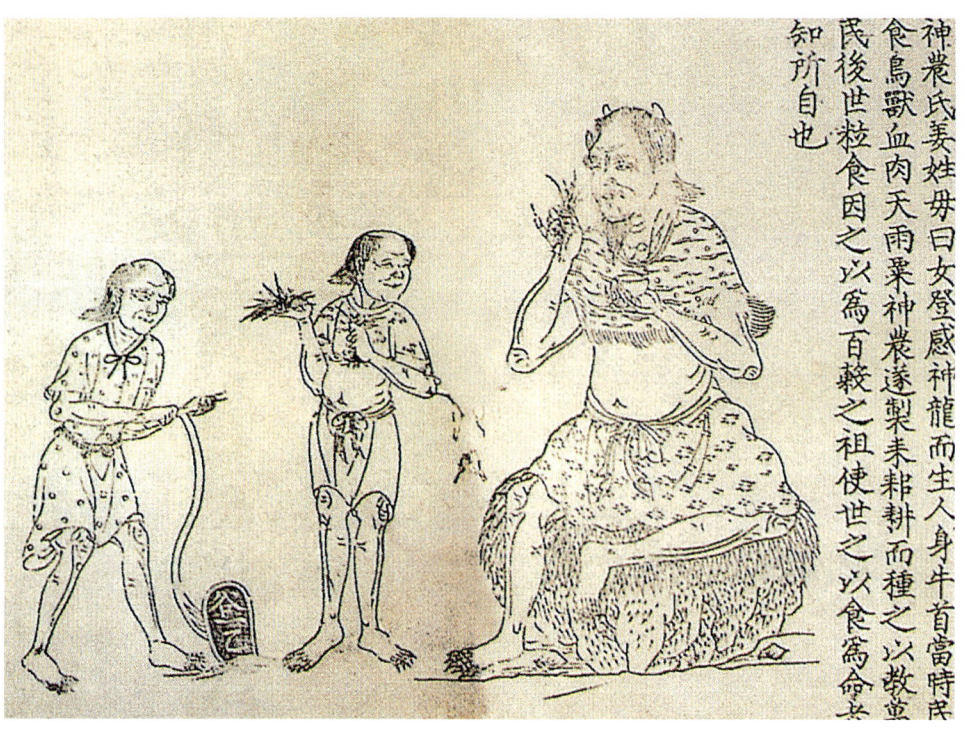

차는 처음에 약용으로 이용되다가 점차 음용으로 이어졌다. 약 2천 년 전 중국인들은 날 찻잎을 씹어 먹다가 찻잎을 나물로 무쳐먹거나 다른 음식과 함께 볶아 먹기도 하고 국을 끓이거나 진한 차죽을 끓여 먹기도 했다. 그러나 당시에는 오늘날과 같이 가공된 찻잎이 아니라 보통 날 찻잎을 먹거나 끓여서 국물을 마시는 정도였다.

지금까지 차에 관한 기록 중에서 '차' 자의 전신인 '도茶'라는 글자가 가장 먼저 나타난 문헌은 서주 시대의 『시경』이다. 『시경』은 황하유역을 중심으로 한 북방의 정치·문화·경제를 다루고 있어 『시경』에서 언급하고 있는 '도'를 남방식물인 차나무로 해석하는 것은 무리라고 생각한다. 그러나 춘추시대 『안자춘추』의 제나라 안영의 고사는 찻잎을 식용으로 이용했음을 보여준다.

춘추시대 제나라 경공 재위시에 안영이라는 재상이 있었는데, 평소 그의 식사는 오직 거친 밥과 새 구이 몇 마리와 여러 개의 알과 차나물뿐이었다고 한다.

이외에 동진의 상거가 쓴 『화양국지』에 주무왕이 파촉지방을 복속시키고 차를 공품으로 받았다는 내용으로 보아 차가 상품이나 토공품으로 북방에 전해졌을 가능성이 있다.

위의 내용 외에 찻잎을 식용으로 이용했다는 역사적 기록들은 다양하다. 그러나 당시의 기록 중 차라고 표현했던 茶도 또는 茗명에 대해 후세의 학자들의 의견이 서로 다르다.

실제로 고문헌에서 표현하는 '도' 자의 뜻과 의미는 다양하다. 문헌에 따라서 어느 곳에서는 찻잎을 가리키고, 또 다른 곳에서는 야채 혹은 옥기玉器, 신명神命을 가리키기도 한다. 그리고 『시

진수차산鎭守茶山의
신령神靈

경』『안자춘추』에서 언급했던 차에 관한 문자는 오늘날의 차를 지칭하는 것이 아니라는 주장도 있다.

중원으로 전파된 차문화

역사상 진·한에서 남북조시대에 해당하는 이 단계는 봉건사회의 발전과 더불어 찻잎이 상품화하여 전국으로 전파되는 시기다. 이 시기에 음식과 약의 재료 및 공품이나 제수용품 등으로 이용되어 남북조시대에는 차가 산업적으로 발전을 하게 된다.

진나라의 전국통일 후에 파촉 일대, 즉 성도成都 주변은 빠르게 부를 축적하였고, 차산업 발전에 중요한 지역이 되었다. 한나라 때에는 차무역이 자리를 잡았고, 차소비 중심지로 주위의 차가 모이는 집산지가 되었다. 성도 서쪽에는 숭경崇慶, 대읍大邑, 공래邛崍, 천전天全, 명산名山, 아안雅安 등의 차산지가 있었다. 서한시대에는 호북과 호남으로 전파되었다.

서한시대 왕포의 『동약』은 중국 고대 차산업에 대한 최초의 기록이다. 과부 양혜에게는 죽은 남편 때부터 거느리던 편료라는 노비가 있었다. 이 노비가 말을 듣지 않자 왕포에게 팔기로 했는데 이때 매매문서에 노비가 해야 할 일을 적은 것이 『동약』이다. 『동약』의 내용 중에 "차 달이고 다구 정리하기, 무양에 가서 차 사오기"가 나타난다. 무양은 지금의 사천성의 중심인 성도, 아안과 가까운 곳으로 무양에까지 차를 사러갈 정도로 당시에 음차가 일반인들의 생활과 밀접한 관계에 있고, 집에는 전용 다구가 있었음을 알 수 있다. 동시에 서한시대 성도 일대는 차가 이미 상품화하여 무양 차시장이 형성되어 있음을 알 수 있다. 서진西晉 장재의 시 『등성도루』에 보면 사천성 성도는 차의 집산지로서 비교적 규모가 크고 영향력이 있다는 것을 알 수 있다.

삼국시대는 후한 말 황건적의 난을 계기로 천하가 삼등분되어 유비의 촉한蜀漢, 조조의 위魏, 손권의 오吳로 나뉘어 반세기 동안 지속되다가 서진西晉에 의해 멸망한다. 삼국시대에는 잦은 전쟁으로 경제가 위축되어 차의 생산도 저조하였다. 그러나 양자강 유역과 광동·광서 지방을 중심으로 세력을 키웠던 오나라의 차 산업은 성행하여 차를 보급하는 주요한 역할을 하였다. 새로운 음료인 차는 장강 하류지역인 지금의 안휘성·절강성·강소성 등으로 전파되었고, 제차와 차의 약리적 효능에 대한 기록이 보이기 시작한다. 230년 전후의 위나라 장읍張揖*의 『광아廣雅』에는 삼국시대에 차를 만들어서 마시는 과정이 수록되어 있다.

생존 연대는 알 수 없으나 후위後魏 명제明帝 태화太和(227~236) 연간에 박사博士를 지냈고, 『광아』·『고금자古今字』 등을 저술했다.

> 형주와 파주 일대에는 찻잎을 따서 떡 모양의 덩어리차로 만든다. 쇤 찻잎은 쌀로 고膏를 대신하여 덩어리진 병차를 만든다. 차를 마시려면 먼저 병차를 불에 빨갛게 구워서 빻은 다음 그 가루를 자기 속에 넣고 뜨거운 물을 부어 파, 생강, 귤 등을 섞어 마신다.

이것은 중국에서 제차와 음차에 관한 최초의 기록으로 차문화사상 대단히 중요한 의미를 지니고 있다. 그러므로 『광아』의 내용으로 보아 삼국 이전부터 중국에서는 덩어리차인 병차를 제조했음을 알 수 있다. 그러나 소비는 활발하지 못해 상류사회에 국한되었다. 『삼국지·오지』에는 오나라의 군주인 손호孫皓가 연회에 참가하였던 술이 약한 위요를 배려하여 술 대신 차를 몰래 주었다는 내용이 있다. 당시 귀족계급 사회에서는 술과 차가 함께 연회에 등장하였고, 후에 차로서 술을 대신하는 '이차대주以茶代酒'의 검박한 차정신의 기틀이 되었다.

서진西晉은 오래 존속하지는 않았지만 국가를 빠르게 통일시켰고 정치·경제의 중심을 북쪽 낙양洛陽으로 옮겼다. 삼국을 통일한 진왕조 초기 혼란한 시기에 졸부들이 나타나고, 일부 사대부들은 방탕한 생활을 즐겼다. 그러므로 일부 청빈한 사대부들 사이에서 차로서 검박한 생활을 하자는 운동이 일어났고, 술자리에서 흥을 돋구던 풍류객들은 마른 입을 축이기 위해 차를 마시게 되었다. 유명한 시인 장재張載는 사천성 성도를 여행하면서 쓴 시 「등성도루」에서 "향기로운 차는 육청의 으뜸이고, 맛은 온 세상에 퍼졌다"라고 했는데 성도지방의 차가 유명하였음을 알려주고 있다. 당시의 음차는 상류계층으로 보급되었다. 궁정에서만 살아서 세상물정에 어두웠던 서진의 혜제惠帝는 '팔왕의 난'을 피하여 몽진했다가 낙양으로 돌아오자마자 차를 찾았다는 이야기도 있다.

남북조시대는 이민족이 지배하는 북쪽에서는 여전히 전쟁이 끊이지 않았으나 남쪽은 비교적 안정된 생활이 가능하였다. 기후적으로도 따뜻한 아열대성 식물인 차나무가 자라기에 좋은 조건이었고, 차의 생산이 사천 지방에서 호남·호북·하남·절강·안휘·강소 등으로 확산되어 강서 노산, 절강성 천태산, 경산, 사천성 청성산, 아미산, 안휘성 구화산, 황산 등 명산대찰에서는 명차가 생산되었다.

남쪽의 차가 북방 호족들에게 알려지고 수요가 증가하자 남쪽의 차 재배는 더욱 활발하여 장강 중하류차구에서는 서로 경쟁적으로 재배하였다.

『후위록』에는 남쪽에서 음차생활을 하였던 왕숙王肅이 북쪽으로 망명을 하여 초기에는 유목민족의 음료인 양젖이 익숙치 않았지만 차차 익숙해져서 잘 먹는 것을 보고 황제가 차와 낙酪*을 비교하는 짖궂은 질문을 하자 '차는 낙의 노예에 불과하다' 는 뜻인 차를 비하하는 낙노酪奴라는 말이 생겨나기도 하였다.

또한 차의 효능에 대한 기록이 등장하기도 하였다. 『동군록桐君錄』에는 소금이 많이 생산되는 광주 지방에서 갈증을 해소하는데 차를 마셨고, 손님 접대시 차를 내고 난 후에 향이 나는 차를 추가로 주었다고 하였다. 도홍경의 『잡록雜錄』에도 차는 몸을 가볍게 하고 머릿골을 바꾸며 옛날에 단구자나 황정견이 마셨다고 하여 차가 가진 카페인의 효능을 언급하고 있다.

*우유나 양유를 끓여 만든 음료

차문화의 화려한 발전

차문화가 가장 활발하게 이루어졌던 수·당·송·원나라 때는 고대 차산업이 융성 발전하는 단계이다. 차는 남쪽에서 중원으로 중원에서 변방 소수민족에게로 전파되었다. 소비가 점차 확산되어 일반 서민들에게까지 퍼졌다. 차의 재배면적과 생산량은 계속해서 증가하였고, 생산과 무역의 중심은 장강 중하류의 절강·복건 일대로 이동하였다. 재배와 제차기술도 진일보하여 차의 종류도 덩어리차인 병차나 단차에서 점차 산차로 변화하였다. 차서茶書가 간행되었고, 차회나 차연, 투차의 풍습도 성행하였다.

수隋나라가 중국을 통일하였지만 대운하의 확장공사와 고구려 침공으로 과도한 국력을 소모한 결과 수나라 왕조는 불과 37년 만에 멸망하였다. 수나라 때에는 차가 약용으로 이용되었고, 일부 계층에서 소비되었던 것이 일반인들에게 확산되는 전환기이기도 하다.

  수문제가 아직 황제가 되기 이전에 머리가 아팠는데 우연히 차를 마시고 씻은 듯이 나았다. 황제의 머리 아픈 병이 차로 인해 치유가 되었다는 사실은 금방 유명해졌고, 그 결과 많은 사람들이 앞 다투어 차를 마시게 되는 파급효과를 가져왔다. 수양제가 건설한 대운하로 인하여 남북간 경제·문화의 교류가 활발하게 되었다. 남쪽에서 생산된 여러 가지 농산물 가운데 차도 북쪽으로 이동하게 되었고 그 수요가 증가하게 되자 차산업은 점차 활기를 띠어갔다.

당나라 때의 〈궁락도 宮樂圖〉. 대북 고궁박물원 소장

당나라 때에는 차가 점차 일반 서민들에게 보급되기 시작한다. 당나라 이전에는 약용이나 식용과 같이 주로 실용적인 목적으로 사용되었으나 당나라 때에는 음용위주의 차로 변화하면서 음차문화가 형성되기 시작하였는데 그 배경은 다음과 같다.

첫째, 불교의 성행을 들 수가 있다. 『봉씨문견기』에는, "당나라 현종 개원년간(713~741)에 북쪽에는 불교의 선종과 교종이 유행하였는데 선종에서 참선 수련시에는 야간에는 밥을 먹지 않고 잠도 자지 않았었다. 단지 차 마시는 것만은 허용하였다"라고 하여 선종에서 참선 수련시 정신을 맑게 하고 잠을 쫓고, 허기를 달래주고자 차를 이용했음을 알려준다. 그때 마셨던 차는 요즘과 같은 맑은 차탕이라고 보기에는 약간의 무리가 따른다. 하루에 두 끼만을 먹었던 승려들이 공복에 마셨던 차는 삼국시대에 유행하였던 차죽의 형태였을 것으로 추정된다.

둘째, 수나라 때부터 실시하였던 과거제도의 영향이다. 당시 최고 인재의 등용문인 과거를 치를 때 각 지방에서 모인 응시생이나 시험관에게 정부에서는 차를 주었는데 이것이 전국의 지식인 계급에게 차문화가 확산되는 계기가 되었다.

셋째, 황실에 진공하던 공차제도*이다. 당나라 정부는 770년 고저顧渚 지방에 공차원을 개설하였다. 공차원에는 감독관이 파견되어 점점 차가 고급화되고 생산량도 증가하였다.

넷째, 인구증가에 따른 식량부족 현상으로 숙종 때 금주령이 실시되었는데 민간에서는 술 대신 차를 음료로 이용했던 것이다. 이외에도 운하를 통한 남북무역의 증가와 육우의 『다경』 저술 등이 당나라 때 중원의 차문화가 차가 나지 않는 북쪽이나 변방민족 등 전국으로 확산되는데 큰 역할을 하였다.

또한 당나라 때에 차가 보편화되었음을 알 수 있는 것은 차 관련제도이다. 황실에 진공하였던 공차제도나 늘어나는 군사재정을 충당하기 위한 차세제도*와 전쟁에 필요한 말과 변방민족들의 생존을 위한 차를 교환하는 차마무역*이 있다.

경제의 발전은 소비의 보급과 확대, 차생산과 차문화의 발전으로 연결된다. 당나라 때의 차 생산지는 주로 산남·회남·절서·검남·절동·검중·강남·영남의 8대 차구 43개 군으로 오늘날 차생산지의 기반이 되었다. 장강 중하류에 있는 절강 호주, 강소 의흥은 황실에 진공하였던 '공배貢焙'가 있던 곳이다.

노동이 극찬했던 양선차는 "천자가 양선차를 맛보기 전에는 모든 풀이 감히 먼저 꽃을 피우지 못했다"라고 하여 봄에 만물이

공차제도
주나라에서 토공으로 시작하였으나 당나라 때에 제도적으로 확립되었다. 770년 육우는 상주자사 이서균에게 의흥차를 공차로 진공할 것을 건의하였다. 공차제도는 차가 고급화하는데 크게 기여를 하였으나 공차제도의 폐해는 차농의 반란으로 이어졌다. 이후 송나라 조정에서 직접 경영하는 관영차원을 비롯해 많은 공차차원에서 다양한 종류의 품질 좋은 차를 생산하는데 큰 역할을 하였으나 청나라 때에 폐지되었다.

차세제도
차에 세금을 부과하여 차의 유통을 통제하고 세수를 올리고자 하는 제도로 덕종(782) 때 호부시랑 조찬의 건의를 받아들여 차, 칠기, 대나무 등에 가격의 10분의 1에 해당하는 세를 받았다. 그후 백성들의 원성으로 폐지되었다가 793년 다시 부활하였다. 왕애는 차나무를 관에서 심고 관리해야 한다는 이차수관장법을 주장하였다가 차농들의 반대로 불에 타 죽었다. 당시 칠완차가로 유명한 노동盧仝(795~835)이 방문하였다가 변을 당하였는데 그때 농민의 반란을 감로지변이라고 한다. 따라서 관과 차농들의 요구가 다르므로 폐지와 부활을 거듭하다가 송나라의 각차법으로 정착하게 된다.

차마무역
중국과 중국 변방국가 간에 차와 말을 상호 교환하는 무역을 말한다. 북쪽 티베트와 몽고 등 유목민족들은 목축업은 발달하였으나 신선한 야채가 부족하여 비타민 C의 공급원으로 차가 필요하였다. 그러므로 변방민족들은 생존음료였던 차가 필요하였고, 중국에서는 전쟁을 하기 위한 기동력 있는 말을 필요로 하는 서로의 요구에 맞는 무역이 이루어지게 되었다.

소생하기 이전에 딴 찻잎으로 만든 양선차를 천자에게 진공하였음을 알 수 있다. 장흥과 의흥은 고저자순차·양선차 등 공차가 생산되는 곳으로 품질이 좋은 차가 생산되고 규모가 비교적 컸다. 당나라 백거이는 「비파행琵琶行」이라는 시詩에서 차를 사러 부량으로 떠난 남편을 기다리는 모습을 묘사하고 있다. 여기서 부량(지금의 경덕진)은 차가 생산되지는 않았지만 차의 집산지로서 규모가 큰 차시장이 있었음을 알 수 있다.

『봉씨문견기』에는 "차는 강회江淮에서 배와 수레로 운반되어 산같이 쌓여 있는데 그 양이 대단히 많다"라고 하였다. 남쪽에서 생산된 차는 대운하를 통해서 북쪽으로 운반되었는데 양주楊州는 차의 남북무역이 이루어진 중요한 도시였다. 이것으로 보아 차무역은 흥성하였고 각 지방에서 생산된 차를 판매하는 고정적인 시장이 있었다. 따라서 촉차蜀茶는 주로 서남·화남·화중지구, 부량차는 관서·산동 일대·흡주, 무주차는 오늘날 하남·하북 일대에서 소비되었다.

당나라 때는 차의 생산과 소비가 눈에 띄게 증가하였고, 차문화도 크게 발전하였다. 육우가 차에 관한 최초의 서적인 『다경』을 저술하여 오늘날의 '차' 자가 탄생하였다. 『다경』은 모두 3편 10장으로 구성되어 있으며 당나라의 제차법과 음차법이 체계적으로 서술되어 있다. 차의 종류로는 〈육지음六之飮〉에서 추차觕茶·산차散茶·말차末茶·병차餠茶의 네 가지를 언급하고 있으나 육우가 이상적으로 생각하였던 병차의 제차방법을 제외하고는 구체적인 언급이 없다. 음차방법은 이러한 병차를 가루 내어 솥에 풀어서 마셨던 '자차법煮茶法'이 당나라를 대표하는 음차법으로 인정받고 있다.

　송나라 때에는 차산업이 더욱 발전하여 재배면적이 당나라 때보다 3배나 증가하였고, 차만을 재배하는 전업농가와 관에서 운영하는 관영차원이 생겨나기 시작하였다. 생산규모도 점차 커져서 『여도정덕집呂陶淨德集』에는 차원의 재배농가 중에는 많게는 해마다 35만 근, 적게는 2만 근을 생산한다고 기록하고 있다. 차의 종류로는 제차기술이 발전하여 공차로 진공하였던 정교하고 섬세한 용단봉

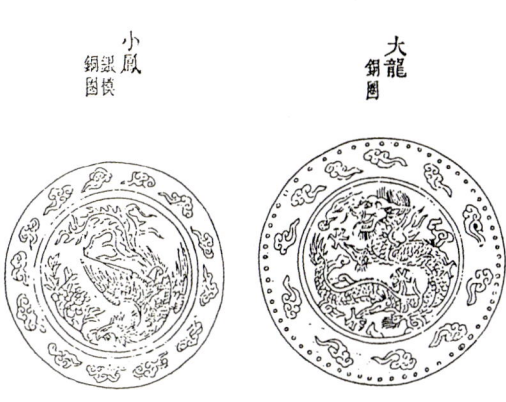

송나라 때 병차를 만들 때 사용했던 소봉과 대룡의 본 문양과 투차도(아래)

병(용봉차)과 일반 서민들이 마셨던 산차와 화차 등이 출현하였다.

당·송 변혁기의 사회가 혼란한 때에는 난리를 피해 따뜻한 남쪽으로 인구가 이동하였다. 당나라 때에는 기후가 따뜻하여 차싹이 일찍 나와 장흥, 의흥 및 운반하기 편리한 대운하와 국도 주변의 차를 청명 전에 천자에게 진공하였다.

그러나 북송 초기부터 남송 중기까지 약 200년간 한랭기의 영향으로 온난기에 비해 기온이 4도 정도 떨어져서 대나무와 차나무가 얼어 죽는 현상이 나타났다. 이 시기는 중국 역사상 한파의 기간과 정도가 가장 길고 심했던 때이기도 하였다.

이러한 기후변화와 오대십국의 전란은 중국의 인구를 남쪽으로 이동시켰으며, 차의 산지에도 변화를 가져오게 되었다. 이러한 온도의 변화로 송나라의 공차 생산지는 절강성 고저지방에서 남쪽인 복건성

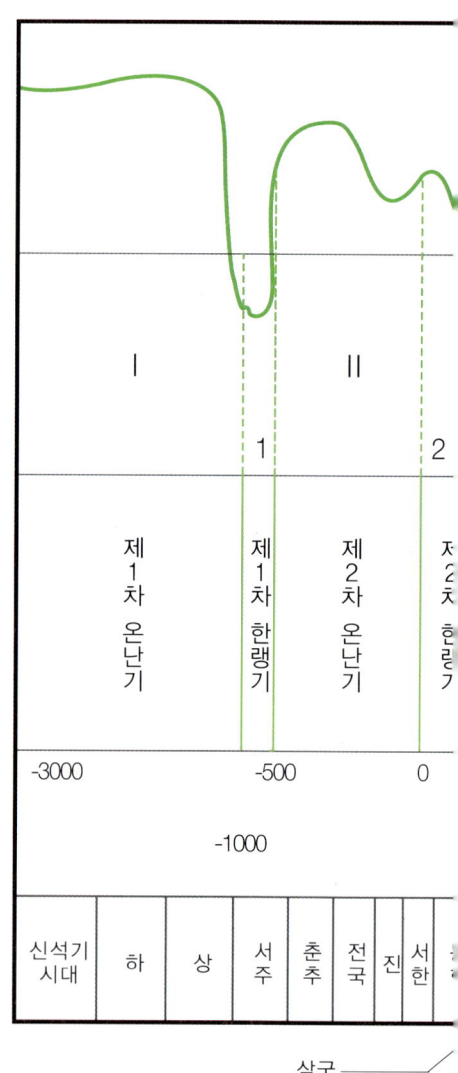

지난 5천여 년간의 기후 변동

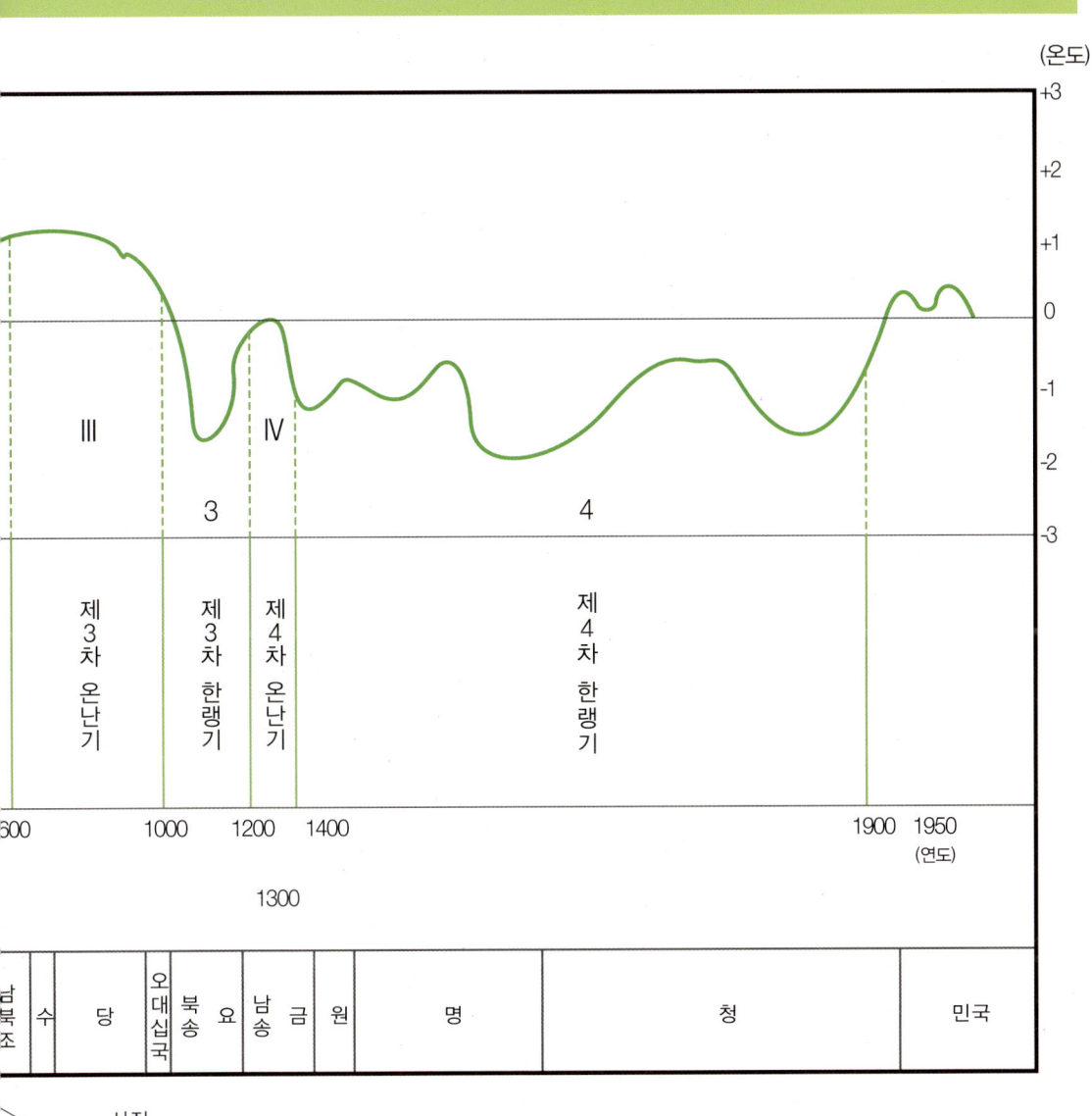

1장_차의 역사

송나라 휘종 조길趙佶 (1082~1135)이 그린 〈문회도文會圖〉. 대북고궁 박물원 소장

의 북원지방으로 옮기게 되었다.

구양수의 시에는 "머나먼 건안에서 만든 귀한 차를 서울에서 이른 3월에 햇차를 맛보네"라고 하여 건안의 차가 일찍 생산되었음을 알 수 있다. 육우도 『다경』에서 건안의 차에 대해서 "나도 자세히는 알지 못하나 가끔 얻어 마셔 보았는데 그 맛이 매우 좋다"라고 적고 있다. 그러므로 송나라 때에는 고저자순차를 폐하고 건안의 납면차를 공차로 지정하였다.

송나라 때에 건안지방이 공차원으로 지정되면서 건안 일대에서는 점점 더 정교하고 아름다운 차를 만들려고 노력하였다. 그러므로 건안차의 명성은 갈수록 높아졌고 차의 제차기술과 음차법이 다른 예술과 더불어 중국 역사상 가장 화려하게 꽃피운 시기라고 할 수 있다. 그러므로 중국 동남 일대에서는 건안이 단차·병차 생산의 중심지가 되었다.

고급 단차가 만들어지고 관심이 늘자 송나라의 차종류도 변화하게 된다. 주로 편차[단차, 병차] 위주로 생산되었으나 산차[증청차, 말차]가 일반 서민들이 일상적으로 마시는 차로 등장한다.

송나라 때에 저술된 차서의 대부분이 공차로 진공되었던 북원 지방의 단차에 관한 내용이다.

조여려의 『북원별록』에는 병차에서 발전한 단차 만드는 과정을 자세히 설명하고 있다. 찻잎을 따고, 좋은 것을 골라서, 시루에 찌고, 고膏를 짜낸 다음, 연에 갈아서, 단을 만들어 틀에 박아낸 후 건조시킨다. 당나라 때 병차와 같이 쪄서 틀에 박아 덩어리를 만든다는 점은 유사하나 고를 짜고, 연에 갈아서 입자가 아주 곱고 치밀하기 때문에 건조가 된 후에는 단단하고 치밀한 것이 특징이다.

이러한 단차를 마실 때에는 가루를 내어 찻잔에 넣고 차시나 차선으로 격불하여 거품을 내어 부드럽게 해서 마셨다. 이러한 음차법을 점차법點茶法이라고 한다.

찻잔에서 차를 만드는 점차법은 솥에 끓였던 당나라 때의 자차법과는 비슷한 점은 있지만 차의 종류에 따른 차이점을 발견할 수 있다. 이렇게 만들어진 단차는 매우 정교하고 문양이 화려하였으며 가격이 매우 비싸서 황실이나 일부 상류층에서나 마셨을 뿐 일반 서민들이 일상에서 마시기에는 현실적으로 어려웠다. 그러나 송나라 때에는 차의 소비가 일반 서민에게까지 확대되어 차가 생활필수품이 되었다. 그럼에도 불구하고 서민들이 마셨던 차에 관한 내용은 매우 빈약한 형편이다. 당시 서민들은 차를 쪄서 가루를 내지 않고, 가루를 내도 덩어리로 만들지 않은 증청차와 말차를 마셨다. 즉 오늘날과 같은 산차散茶를 마셨던 것이다.

송나라 때의 산차 주요 생산지는 주로 회남淮南, 형하荊河, 귀주貴州와 강남江南 일대로 당나라 때에 공차원이었던 의흥이나 장흥 지방에서도 더 이상 덩어리차인 병차를 만들지 않고 산차를 제조하기 시작하였다.

송나라 때 음차문화의 두드러진 특징은 황제부터 일반 서민까지 음차가 쌀이나 소금과 같이 빼놓을 수 없는 일상생활의 일부가 되었다는 사실이다. 장작, 쌀, 기름, 소금, 된장, 식초, 차의 일곱 가지가 일상행활에 없어서는 안 되는 '개문칠건사開門七件事'인데 그 중에 하나가 차였다. 즉 차는 황실이나 관공서의 행사시 반드시 제공되는 음료였을 뿐만 아니라, 일반사람들도 시내의 차관[茶館, 茶肆, 茶坊]에서 차를 마시고 이야기를 하며 휴식을 취하게 되었다.

차관에 대한 기록은 당나라 봉연封演의 『봉씨문견기封氏聞見記』에, 당나라 현종 때 북쪽의 일부 도시에서 "많은 점포들이 문을 열고 차를 끓여 팔았다"라는 내용이 있다. 차가 생산되지 않았던 북쪽에 차를 파는 상점이 있었다면 차가 많이 재배되고 있던 남쪽의 차관은 그보다 더 앞서 생겼을 것임은 말할 것도 없다. 그러

〈청명상하도清明上河圖〉의 일부분(오른쪽 그림)

나 차관업茶館業이 활기를 띤 것은 송나라 때부터라고 볼 수가 있다. 맹원노孟元老의 『동경몽화록東京夢華錄』과 장택단의 「청명상하도」에는 북송 때 이미 개봉開封 성안의 번화가에 찻집들이 즐비하게 늘어서 있었다고 한다.

찻집의 영업방식도 다양해서 아침에 열어 낮에 닫거나, 혹은 밤에 잠 못 이루는 사람을 위한 찻집도 등장했다고 한다. 찻집의 내부 장식이나 분위기도 각각 틀렸는데, 오자목吳自牧의 『몽량록蒙梁錄』에 의하면 항주 도시의 찻집은 "사계절 싱싱한 꽃을 꽂고, 유명한 사람의 그림을 걸고, 가게 앞을 꾸몄다"고 묘사하고 있다. 이렇듯 송나라 때의 차관은 경영방식이나 내부 설비 등 모든 면에서 새로운 발전을 보였다.

또한 황제에서부터 사대부들까지 투차鬪茶[茗戰]가 하나의 의례적 행사가 됨으로써 투차의 형식은 더욱 정치精緻해지고 고아高雅해졌다. 투차는 상품차인 북원지방의 고급 공차를 검은색 흑유 찻잔을 이용하여 차의 산지와 색·향·미를 겨루었던 것이다. 차색귀백이라 하여 흰 빛의 차를 선호하였고, 흰 빛의 차가 돋보이도록 검은색 찻잔을 사용하였다. 차시나 차선으로 격불하여 거품을 내었는데 거품의 크기가 균일하며 꺼지지 않고 오래 가는 것이 승부의 관건이었다. 이러한 차 겨루기는 승부를 가리는 오락 기능을 겸하였으므로 일반 서민에게까지 파급효과가 매우 컸다. 그리고 이러한 투차는 다구茶具의 발달에도 많은 영향을 끼쳐 건잔建盞과 같은 훌륭한 찻잔을 탄생시켰다. 남송 말 심안노인이 쓴 『다구도찬』에는 점차법에 필요한 12가지의 다구들을 순서대로 그림과 함께 설명하고 있는데 이는 송나라의 다구를 연구하는데

심안노인의 『다구도찬』에 나타난 다구 그림(오른쪽 그림)

위홍로 韋鴻臚	목대제 木待制	금법조 金法曹
석전운 石轉運	호원외 胡員外	나추밀 羅樞密
종종사 宗從事	칠조비각 漆雕秘閣	도보문 陶寶文
탕제점 湯提點	축부수 竺副帥	사직방 司職方

중요한 자료이다.

　차가 일상다반사로 생활필수품이 되었고, 산업으로 발전하게 됨에 따라 차 전매제도와 차마茶馬 무역은 재정적 수입원으로서 큰 역할을 하였다. 당나라 때부터 차세茶稅(차에 대한 세금)가 있었는데, 송나라에 들어와서는 관이 주도하는 차 전매제도로 발전하여 정부가 차산업과 무역을 독점함으로써 차농들로부터 일괄적으로 찻잎을 사들여 상인들에게 판매하였다. 한 번 사고 파는 과정에서 관에서는 차세를 받았을 뿐만 아니라 이윤을 얻었다.

　차마무역은 일찍이 당나라 때에 위그르 족의 말과 차를 매매한 기록은 있었으나 제도나 정책으로 형성되지 못했다. 태평흥국 8년(983)에 비로소 변경지역에 차마사茶馬司가 설립되어 금전으로 말을 사는 것이 금지되었으며, 북방 유목민족에게는 생존음료인 차와 전쟁에 필요한 말을 교환하는 차마무역이 실행되었다.

　징기스칸이라는 북방의 이민족이 중국의 중원을 장악하여 세운 원나라는 기본적으로 송나라의 차제도를 거의 답습하였으나 몽고족이 대량의 전마戰馬를 소유하고 있었기 때문에 차마무역은 중지되었으며, 이때부터 돈이나 물건으로 말을 바꾸기 시작하였다. 또한 이동이 잦은 유목민족들은 만드는 과정이나 마시는 방법이 까다롭고 번거로운 병차보다는 간편한 산차를 이용하였다.
　왕정王禎의 『농서農書』에는 차의 종류로는 명차茗茶・말차末茶・납차臘茶의 세 종류가 있는데 명차는 잎차, 즉 오늘날의 산차를 말하는 것이고, 말차는 찻잎을 건조하여 가루낸 차로 오늘날의 말차와 유사하다. 납차는 덩어리진 단·병차를 말하고 오직 공차로만 충당하였을 뿐 민간에서는 찾아보기 힘들다고 하였다.

차문화의 쇠퇴기

명·청 시기에는 다양하고 복잡한 양상으로 발전했다.

첫째, 명나라 때에는 전통 차학茶學의 발전이 최고조에 이르러 당나라 때 7종, 송나라의 25종에 비해 명나라 때에는 55종의 많은 차서茶書가 간행되었다. 초기에는 주권의 『다보』를 비롯한 2권 정도였으나 중·후기에 집중적으로 간행되었다.

둘째, 제차기술의 발전으로 증청녹차인 병차·단차에서 증청산차와 초청산차로의 변화이다. 명나라 이전 송·원나라 때의 대표적인 산차로 일주차·쌍정차·고저차 등 몇 종류가 있었으나 명태조 주원장은 1391년 '단차폐지령'을 내려 차농들의 폐해가 심한 단차제조를 중지시키고 산차제조를 명하였다. 그러므로 명나라 초기에는 단차와 병차가 있었으나 점차 덩어리차는 자취를 감추고 전국적으로 산차가 명차로서 등장하였다. 특히 명나라 때 절강성의 명차는 약 20여 종에 이른다.

셋째, 제차방법의 변화로 차나무의 품종과 완성된 차의 종류가 다양해졌다.

녹차는 덩어리진 증청녹차에서 초청녹차炒青綠茶로 변화하면서 향과 맛이 살아난 차로 계속 발전되었다. 명나라 장원張源의 『다록茶錄』, 허차서許次紓의 『다소茶疏』, 나름羅廩의 『다해茶解』에는 모두 초청녹차의 제조법이 구체적으로 기술되고 있다. 증청蒸青에 의한 단병차는 주로 변방 소수민족들이 음용하였다. 이렇게 솥에서

정운붕丁云鵬이 그린 명나라 때의 〈자차도 煮茶圖〉. 무석시박물관 소장

살청하는 초청방법의 등장으로 화차·황차·흑차·백차·청차와 같은 다양한 차가 탄생되었다.

화차는 이미 송나라 때는 용뇌를 사용하였고, 명나라 때에는 말리, 목서, 매괴, 장미, 난혜, 귤꽃, 치자, 목향, 연꽃, 매화 등 여러 가지 꽃을 이용하여 화차를 만들었다. 사천지방에서 만들기 시작한 흑차는 호남으로 전해졌으며 오룡차, 즉 청차는 명나라 말에서 청나라 초기에 복건성 무이산에서 생산되기 시작하였다.

홍차는 언제 만들기 시작했는지 확실하지는 않지만 명나라 중기에 무이산에서 시작된 청차에서 발전하여 청나라 때의 강서, 절강, 호남, 호북, 운남, 사천 등지로 전파되었다. 최초로 생산된 홍차는 소종홍차小種紅茶였으며, 공부홍차工夫紅茶는 그 이후에 생겨났다.

넷째, 산차와 같은 흩어진 잎차에 어울리는 음차방법과 다구의 변화이다.

산차散茶의 출현으로 인해 이전 시대에 덩어리를 가루내어 마시던 점차법과는 달리 끓는 물을 직접 차에 부어 우려마시는 포차법泡茶法으로 변화되어 갔다. 이로써 당·송대의 차를 굽고, 빻고, 체에 거르는 과정에서 사용된 다구들도 일부 불필요하게 되었으며, 새로운 음차법에 맞는 다도구들이 선을 보이기 시작했다.

차를 우리는 차호茶壺가 생겨났으며, 여러 번 우려 마시기 위해서 찻잔의 크기가 작아졌다. 의흥을 중심으로 등장한 자사호는 예술품과 소장품으로 가치를 더하면서 발전했다. 이러한 자사호의 세 가지 큰 특징은 우려낸 차는 맛이 변하지 않고, 저장한 차는 색이 변하지 않고, 한더위에도 쉽게 쉬지 않는다는 점에서 오

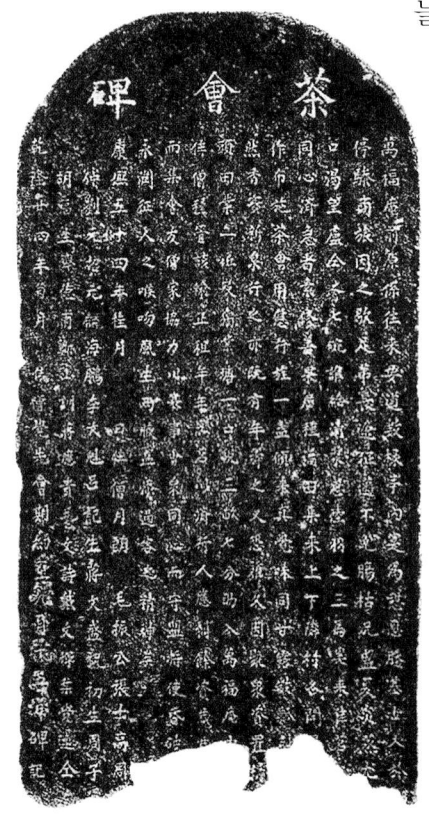

〈강산차회비江山茶會碑〉는 청나라 건륭 24년(1759)에 건립된 것으로 절강성 만복사万福寺에서 발견되었는데 지방에도 차회茶會가 활발하게 이루어졌음을 보여준다.

늘날에도 차인들의 사랑을 받고 있다.

청나라 초기인 강희康熙·옹정擁正·건륭乾隆 황제 집권시기에는 정치적인 안정 속에서 다양한 종류의 차가 생겨나고 차 생산량도 증가함에 따라 자사호와 개완배와 같은 기능성을 갖춘 다구가 생겨났다. 교통이 발전함에 따라 운송이 편리해진 것은 차가 대중적인 기호음료로 확실히 자리잡는데 큰 역할을 하였다.

그러나 후기로 접어들면서 중국은 자본주의 열강의 각축장이 되었고, 차산업은 근대화로 접어들었다.

중국 차의 대외무역은 한나라 때에 시작되어 당나라 송나라 때에는 활기를 띠었으나 원나라 때 들어 시들해졌다. 그리고 명·청대에 유럽의 자본주의 열강에 의한 차의 대외무역은 차가 전 세계인의 음료로 확산되는 데에 많은 공헌을 하게 된다.

1610년 네덜란드 사람들은 중국에서부터 직접 유럽까지 차를 운반하여 판매하기 시작했다. 당시 중국 차 수입대국이었던 영국은 비록 중국차로 고액의 이윤을 얻었으나, 동시에 수입대금으로 지불한 은괴가 중국으로 흘러들어가 무역수지 적자를 면치 못하였다. 그러자 이를 해결하기 위해 영국인들은 중독성이 있는 아편을 중국에 팔아 은을 회수하였다. 결국 청나라 정부의 반발로 1840년 아편전쟁이 발발하게 되었다. 신식무기와 군대를 앞세운 영국군에게 패한 청나라 정부는 불평등조약인 난징조약을 체결하고 중국은 반식민지화의 길을 걷게 된다.

1644년에는 영국인이 하문厦門에 무역회사를 설립하여, 전문적으로 차를 사들였다. 이후 스웨덴·덴마크·프랑스·스페인·독일 등의 상인들도 잇따라 중국으로부터 차를 구입하여 서구의 여러 나라에 팔았다. 1715년 영국의 동인도회사는 광주에 상점을 설립하여 비교적 많은 양의 차를 영국으로 수입하였다. 미국 역시 독립 후 1784년에 중국으로부터 400톤의 차를 수입하여 영국에 이어 두 번째 차 수입국이 되었다. 그로부터 중국의 차 수출은 급격한 증가 추세를 보였다. 청나라 도광道光 23년(1843)에서 광서光緒 12년(1886)에 이르는 40여 년 동안, 중국의 차무역은 더욱 빠르게 증가했다. 1886년에는 11만 톤에 달하는 양을 수출하여, 세계 차 수출의 80퍼센트 이상을 차지하게 되었다.

청나라 때에는 차의 종류가 다양해지면서 품종에 따른 재배기술이 발전했다. 특히 동일한 우량 품종의 번식방법으로 삽목 기술을 개발하였고, 차나무의 품종개량과 전지剪枝 기술을 도입하여 차의 생산성을 높였다. 서구의 영향으로 차 생산을 위한 기계화와 과학화를 꾀하였다. 차는 회하 이남의 14개 성에서 모두 생산하였다. 청나라 말 사천지방으로의 대규모 인구이동으로 사천지역 차원이 확대되고 생산량이 급증하여 변방지역으로의 차 수출이 확대되었다. 또한 복건·광동의 연해지방 사람들이 대만으

차 도구를 들고 있는 석상. 차호, 차완을 들고 있는 시자 석인상으로 묘 안에 세워져 있던 것이다. 명나라의 복장을 하고 있는 이 석인상은 섬서성 부풍현에서 출토되었다. 부풍박물관 소장

로 건너가 오룡차 품종으로 다양한 청차를 개발하여 세계적인 차로 각광받고 있다.

당나라 때부터 있었던 공차貢茶제도가 여전히 남아 있어 공차로 생산되는 명차는 빠른 발전을 거듭하여 용정차龍井茶・황산모봉黃山毛峰・벽라춘碧螺春・무이암차武夷岩茶・철관음鐵觀音・기문홍차祁門紅茶・군산은침君山銀針・백호은침白毫銀針・보이차普洱茶・칠자병차七子餠茶 등 우수한 차들을 속속 배출해 내었다. 이들 모두

비교적 많은 양이 생산되었으며, 품종 또한 이미 수백 종에 이르렀다. 1908년(광서 30년) 황실로 보내지는 공차가 곤명에서 약탈당하는 사건이 있은 후에 공차제도가 폐지되었다.

명나라 포차법에 따른 자사호의 등장은 청나라에 이르러 또 한 번 새로운 발전을 맞이하였다. 강희康熙년에서 가경嘉慶년간까지 수많은 대가들이 배출되었으며, 시대빈時大彬의 뒤를 이은 진명원陳鳴遠이 제작한 호壺는 정교함과 기교가 극에 달했고, 독특한 형상을 가졌다. 의흥宜興지역은 명·청 시기에 자사다구의 생산으로 명성을 누렸다. 이 외에 당시 영향력 있는 생산지로는 광서 흠주欽州, 사천 영창榮昌, 운남 건수建水가 있다. 이들은 강서 의흥 도기陶器와 함께 중국의 '사대명도四大名陶'로 알려졌으며, 여기에서 생산된 도기 다구는 명품으로 중시되었다. 또한 청차와 같은 반발효차의 확산으로 차호와 찻잔을 하나로 한 실용적인 개완배가 보편화되었다.

그 후 1886년에 영국에서는 중국의 차나무를 인도와 스리랑카에서 재배하는데 성공하였다. 이에 따라서 세계 차무역을 독점하던 중국에서 수입하는 차의 양이 줄어들자 중국 차 수출의 감소는 청나라 재정의 압박요인으로 작용을 하였을 뿐만 아니라 차원 마저 황폐해져 쇠락의 길을 걷게 되었다.

'차' 자의 출현과 변천

'차' 자의 유래와 변화

　현재 남아있는 역사적 자료에 의하면 '차' 자가 처음 나타나는 문헌은 『시경詩經』이다.
　『시경』은 주나라 초기에서부터 춘추전국시대 중엽 사이의 작품을 모아놓은 가장 오래된 시가집으로 『시경』에 나오는 '도荼' 자를 차로 해석하는 데에는 약간의 이론이 있다. 그러나 차라는 이름과 뜻을 확실히 나타내 주고 있는 책은 중국 최초의 사전 『이아爾雅』이다. 『이아』의 본문 중에 '가檟는 쓴 도荼다' 라고 적고 있다. 여기에서 가는 곧 차를 지칭하고 있다. 고대 사람들은 차에 대해 서로 다른 인식을 가지고 있었다. 육우가 『다경』에서 차의

이름을 차茶·가檟·설蔎·명茗·천荈으로 불렀던 것이 그 사실을 말해 준다.

명판본『이아』(왼쪽)와 왕희지가 쓴 차 글자(오른쪽)

당나라 이전에도 차의 이름은 지역에 따라 언어에 따라 여러 가지였으나 가장 많이 사용되고, 가장 큰 영향을 주었던 것은 '도荼'이다. 사회가 발전하고 과학수준이 높아지면서 '차茶' 자는 '荼도' 자로 분리되어 특정한 것을 가리키는 이름으로 변하였다.

차자의 확립이 육우의『다경』과 노동의『칠완차가』, 조찬趙贊의『다금茶禁』이후 '荼도' 자에서 한 획을 줄여 '차茶' 자로 바뀌었다. 특히 육우가 당시에 쓰이던 차에 관한 여러 가지 명칭을 차자로 바꿔 씀으로써 오늘날의 차로 그 글자와 의미를 독립시켰다.

1장_차의 역사 47

차의 다른 이름

당나라 이전에 사실상 차를 가리키는 이름은 위에 언급한 도·가·설·천·명 이외에도 많이 전해진다.

수액水厄

진나라 때 차를 좋아했던 왕몽은 집에 손님이 오면 많은 양의 차를 대접하였고, 대접받은 손님은 그 양이 지나쳐서 고문에 가깝다는 '수액'이라는 표현을 하였다. 북위의 양현지가 쓴 『낙양가람기』에도 "위나라 왕협은 유호劉鎬와 모숙慕肅을 만날 때 늘 명을 마셨다. 호鎬가 이르기를, "경卿은 노복의 수액을 좋아하나 왕후의 팔진미를 좋아하지 않는다. 그것은 바다 위에서 공명을 쫒는 것과 같으며, 그들 중에는 남을 따라하는 자가 있을 뿐이다. 그 말을 들은 경이 말하기를, 그렇다고 대답했다."

당나라 온정균溫庭筠의 『채다록採茶錄』에는 "진나라의 왕몽王濛은 차를 좋아했다. 이를 마셔본 사람들이 쓰다고 하자 왕몽이 말하기를, 오늘날에는 수액이 있다고 했다"는 이야기가 있다. 이는 '수액'이 차를 대신하고 있는 말임을 보여주는 글이다.

고로皐蘆

동진東晉의 배연裵淵이 지은 『광주기廣州記』에는 "유평현에서는 고로가 생산되는데 명의 다른 이름이다. 잎이 크고 떫으며 남쪽 지방 사람들이 마실 것으로 삼는다"라고 말했다. 그러나 『사해辭

동한東漢 시기 청자항아리에 쓰여진 '차' 글자. 호주박물관 소장

海』에는 "본명 고로. 잎이 크고 맛이 쓰고 떫으며 명과 비슷하나 명이 아님. 남쪽 지방에 많으며, 이것을 다려 마실 수 있음"이라고 쓰여 있다. 이렇듯 고로에 대한 견해는 일치하지 않지만, 대다수의 사람들은 차라고 여겼으며 일부에서는 음료 대용이라고 여겼다.

과로瓜蘆

동한東漢 『동군록桐君錄』에는 "남방에는 과로목瓜蘆木이 있는데 차나무와 비슷하며 맛이 몹시 쓰고 떫다. 사람들이 가루차로 만들어 마시는데, 이 또한 마시면 밤이 새도록 잠이 오지 않는다"는 기록이 있다.

불야후不夜侯

진나라 장화張華의 『박물지博物志』에 "차를 마시면 잠이 오지 않으므로 이를 불야후라 불렀다"고 적고 있다. 또한 호교胡嶠는 「비룡간음차飛龍澗飮茶」라는 시에서 "잠을 쫓기 위해서는 불야후를 마셔야 한다"고 말하고 있다.

'차' 자의 전파

차가 중국의 주변 지역을 넘어 세계 곳곳으로 확산되면서 그 전파 경로에 따라 차에 대한 이름도 크게 두 가지로 구분되었다. 하나는 광동어계인 '차cha'이고, 다른 하나는 복건어계인 '테-티, Te-Tea'이다.

'차cha'는 마카오의 방언으로 육로를 통해 전해져 북경·한국·일본·몽고·티베트·벵갈·인도·러시아 등에서 주로 사용하고 있다. 유럽에서는 유일하게 포르투갈이 '차'라고 부른다. 포르투갈은 중국에 진출하여 1553년 무역권을 얻었고, 1557년에는 복건성 근해에서 활동하는 해적을 토벌하는 공을 세운 대가로 도시건설허가권과 마카오의 영주권을 획득하였다. 그 후 마카오는 중국과 일본 그리고 유럽대륙간의 무역에서 독점적인 위치를 차지하게 되며, 차무역에서 마카오의 방언인 '차cha'가 그대로 수용된 경우라 할 수 있다.

'테-티, Te-Tea'는 복건성의 아모이의 방언으로 해로를 통해 전해졌다. 네덜란드·미국·영국·독일·프랑스·핀란드·형

차의 명칭

광동어계(육로)		복건어계(해로)	
광동성 마카오	cha	복건성 아모이	te(테)
한국·북경·일본	cha	네덜란드	te(테)
몽골	chai	미국	tea(티-)
러시아	chai(차이), shai(사이)	영국	tea(티-)
폴란드	chai	독일	tee(테-)
루마니아	chai(차이)	프랑스	the(테)
알바니아	cai(차이)	핀란드	tee(테-)
티베트	ja	노르웨이·덴마크·스웨덴	te(테)
벵갈	cha	스페인·이탈리아·체코	te(테)
힌디	chaya	헝가리	tea(테아)
아프가니스탄	chai	말레이시아	tha(테-)
이란(페르시아)	ca, chai, chay	스리랑카	they(테-이)
터키	cay(차이)	남인도	tey(테이)
그리스	tsai(차이)		
포르투갈	cha		

가리 등 유럽에서 주로 사용되고 있다. 이것은 서양에 차를 본격적으로 전파시킨 네덜란드 사람들이 복건성의 아모이계 상인들로부터 차를 수입하면서 이 지역의 발음과 유사하게 '테Te'나 '티Tea'로 전파되었기 때문으로 추정된다.

육우와 『다경』

육우의 생애

육우陸羽는 위대한 차학자로 차산업의 발전에 출중한 공헌을 하여 후대에 '다성茶聖'으로 존경받았으며, '다신茶神'과 '다선茶仙'으로도 불리고 있다. 그가 편찬한 최초의 차학 저서인 『다경茶經』은 차와 차문화의 발전에 막대한 영향을 끼쳤다.

육우(약 733~804)는 당나라 복주復州 경릉境陵(오늘날의 호북湖北 천문현天門縣) 사람으로 자는 홍점鴻漸이며, 스스로 상저옹桑苧翁 또는 동강자東岡子라 불렀다.

육우는 유년시절 공부를 하면서 차에 대한 지식을 쌓아갔다. 그는 절에서 살았으나 불교의 경전보다는 유학에 관심이 많았다. 결국 12세 때에 절에서 나와 유랑하며 극단에서 배우생활도

육우陸羽의 동상

하였다. 이때 만난 경릉태수 이제물의 도움으로 추부자에게 유학을 배웠다. 차에 대한 관심을 늦추지 않고 용미산에 들러 추부자를 위하여 차를 따서 끓이기도 하던 육우는 천보 13년(754), 경릉을 떠나 차를 본격적으로 연구하는 길로 들어섰다. 그는 고향을 떠나 여행하며 차를 연구하고 물을 감별하는 등 차에 관한 방대한 자료를 수집하였다.

　상원 원년(760), 육우는 절강 호주湖州에서 서산杼山의 묘희사妙喜寺에 기거하다가 교연皎然과 교제를 하면서 함께 품차를 하며 차를 연구했다. 그 외에도 강소江蘇 무석无錫으로 가서 혜산사惠山寺와 소주蘇州 석천수와 오송강의 물을 음미했다. 결국 영태 원년(765)에 『다경』의 초고를 완성하자 당시 사람들이 이를 서로 베껴썼다. 대력 10년(775)에는 그 내용을 추가하여 『다경』의 수정 작업을 시작했다. 결국 건중 원년(780), 『다경』이 간행되어 정식으로 세상에 선보였다. 『다경』은 육우가 6, 7세에 적공에게 차 끓이는 법을 익히면서부터 시작하여 48세에 세상에 내놓기까지 40여 년 동안 심혈을 기울여 완성시킨 책이다.

『다경』은 세계 최초의 차 전문서적이자 차문화 형성의 중요한 길잡이며 국내외에 많은 영향을 미쳤으며 상·중·하 3권으로, 총 10장 7천여 자로 구성되었다.

『다경』은 당나라 중기와 그 이전의 찻잎의 역사에 관한 자료를 매우 광범위하게 다루고 있어 오늘날까지 매우 귀중한 문화유산으로 남아 있다. 또 식물학과 생태학·생화학·수문학·약리학·역사학·민속학·지리학·인문학·주조학 및 도자학에 이르기까지도 매우 광범위한 지식을 일목요연하게 담고 있다.

육우는 당나라 이전까지 전해 오던 차에 관한 이야기들을 정리하였고, 차茶자를 정립하였으며, 제차법과 음차법을 체계화하였다. 『다경』의 저술로 이전까지 일종의 습관이나 취미이던 차가 수양문화로 승화되었으며 일상음료로 자리잡았다.

『다경』의 내용

당나라 중기와 그 이전의 차문화의 집대성

당나라 때에는 이미 차문화가 서서히 싹트고 있었다. 육우는 역사서에 흩어져 있는 차에 관한 자료들을 하나하나 모아 기록해 두었다.

〈칠지사〉는 수십 권의 전적에 나와 있는 차에 관한 고사를 인용하여 기재했고, 인용한 인물도 수십여 명에 이른다. 이 장에서는 차의 특징, 특성, 산지, 음용(飮用), 보건, 약용, 접대, 술 대용, 피로회복, 차시장, 차에 관한 신화, 차에 관한 고사, 품차, 감상, 제

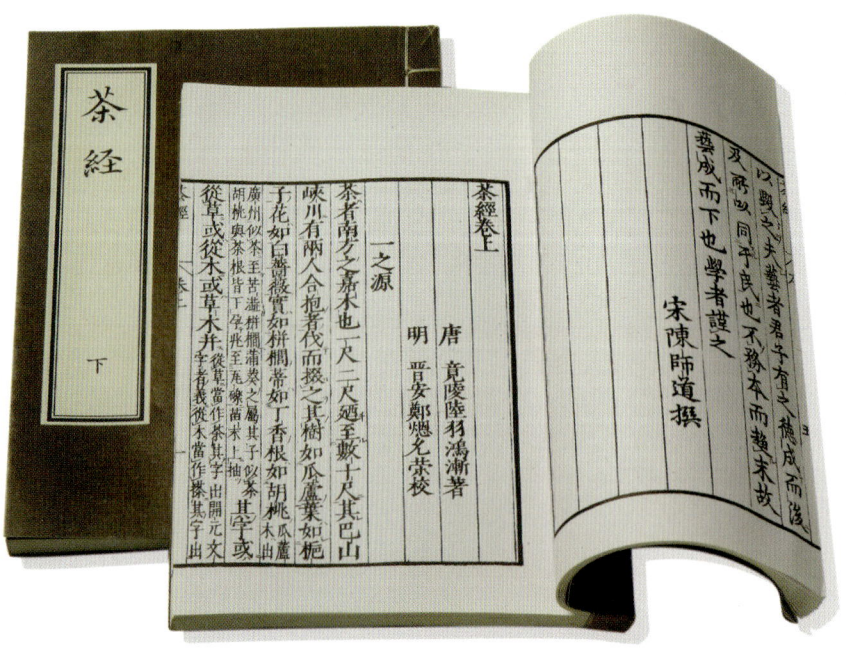

『다경』

사 등 광범위한 내용을 다루고 있다.

〈칠지사〉 외에 『다경』의 다른 장절에서도 역사상의 기록은 쉽게 볼 수가 있다. 예를 들어 〈일지원〉에서는 파산과 협천에 두 사람이 함께 껴안아야 잡힐 만큼 큰 차나무가 있다는 내용이 있다. 그리고 '차'라는 글자의 기원과 차의 다섯 가지 명칭에 대한 역사적 기록을 기재하고 있다. 또 〈육지음〉에서는 차의 시초에 대해 다음과 같이 기록했다.

> 차를 마실 것으로 삼은 것은 신농씨에서부터 시작하여 노나라 주공에게서 널리 알려졌다. 제나라에는 안영이 있었고, 한나라에는 양웅揚雄과 사마상여司馬相如가 있었고, 오나라에는 위요韋曜가 있었고, 진나라에는 유곤劉琨과 장재張載와 나의 먼 조상인 육납陸納과 사안謝安과 좌사左思와 같은 분들이 있었는데 모두 차를 즐겨 마셨다. 시대의 흐름에 따라서 풍속으로 젖어들어 당나라에 들어와 성대하게 행하여졌다. 이때부터 두 나라의 수도인 낙양과 장안 그리고 형주와 유주지방에서 집집마다 아끼고 즐기는 음료로 삼았다.

이렇듯 차와 관련된 주요 인물과 당나라 때에 음차가 성행하게 된 유래를 자세히 설명하고 있다. 따라서 『다경』은 당나라 중기 이전의 차문화를 집대성하는 저서라고 할 수 있다.

차문화학을 탄생시키다

차문화학은 차의 자연과학과 인문과학적인 면을 모두 포함하고 있다. 『다경』은 차나무 재배와 찻잎을 따고 제조하는 기술, 차를 끓이고 마시는 기술 및 차문화학의 기초를 다졌다. 후대 사람들은 『다경』의 기초 위에 차문화의 내용을 보충하고 발전시켜 차문화를 하나의 학문으로 발전시켰다. 따라서 육우는 바로 차문화학의 창시자라고 할 수 있다.

중국 '자차법'의 표준을 세우다

차를 마시는 문화는 당나라 때에 이미 전국적으로 보급되어 있었다. 육우는 당나라 이전의 사람들이 차를 끓이는 방법에 자신의 '자차법'을 제기하였다. 〈사지기〉는 차를 끓이는데 사용되는 24종의 도구를 열거하고, 차를 끓이는 방법과 과정을 체계화하였다.

〈육지음〉에서는 "차 일에는 아홉 가지 어려움이 있다"고 하여 차를 끓이는데 있어서의 중점을 좋은 차 만들기, 고르기, 그릇, 불(연료), 물, 굽기, 가루내기, 끓이기, 마시기에 두었다. 〈사지기〉에서 '풍로' 부분에는 풍로에 난 세 개의 창 위에 "이공은 국을 잘 끓였고 육씨는 차를 잘 끓인다"라는 글이 새겨져 있다. 여기서 이공은 이윤伊尹을 가리키고 육씨는 바로 육우 자신의 '자차법'을 가리키는 것으로, 그가 매우 자신 있었음을 설명해 주는 부분으로 당나라 봉연은 『봉씨문견기』에서 이렇게 기록하고 있다.

초인楚人 육홍점은 차론을 지어 차의 효능과 차를 다리고 굽는 법, 다구 24종을 만들어서 모듬바구니에 넣어 주변의 좋아하는 사람들에게 한 벌씩 주었다. 상백웅常伯熊이 홍점의 차론을 널리 윤색

하여 이에 다도茶道가 크게 행해졌다.

이로써 육우의 자차법이 당시 사회에 상당한 영향을 미쳤음을 알 수 있다. 후에 상백웅은 육우의 자차법을 기초로 약간의 윤색을 더했을 뿐이다. 물론 그의 윤색도 '다도가 크게 성행' 하게 된 데에 도움을 준 것은 확실하다.

육우가 개발한 '자차법'은 당시의 다도와 차예에 가장 기본적인 기준이다.

현실적인 역할

육우의 『다경』이 세상에 선을 보인 지 이미 1천200여 년이 지났다. 그러나 그중 일부 내용은 지금까지도 중요한 현실적 의의를 지니고 있다.

① 〈일지원〉의 첫장은 이렇게 시작하고 있다. "차나무는 남쪽 지방에서 자라는 상서로운 나무다.…… 파산과 협천에는 두 사람이 함께 껴안아야 하는 것도 있다." 이것은 당시 파산과 협천 일대에 대형 야생 차나무가 있었다는 것을 의미하며 차나무의 기원과 발전을 연구하는데 큰 도움을 주었다.

② 〈일지원〉에서는 "차가 자라는 땅으로 가장 좋은 곳은 돌이 문드러져서 생긴 자갈밭이고, ……하품은 황토밭이다.", "종자파종하여 3년이면 딸 수 있다", "죽순같이 생긴 어린 싹이 상품이고, 약간 펴진 싹이 그 다음이다. 둥글게 말린 것이 상품이고 펴진 것은 그 다음이다"라는 등의 내용을 지적했다.

③ 〈일지원〉에서 "차의 쓰임은 그 맛이 매우 찬 것이어서 그것

『다경』의 구성

구성	내용
일지원一之源	차의 기원, 모양, 명칭, 효능 및 차와 생태조건의 관계를 논술하였다.
이지구二之具	찻잎을 따서 만드는 기구들을 기록하였다.
삼지조三之造	찻잎을 따는 시기와 조건, 제조방법, 찻잎의 종류와 등급을 설명하였다.
사지기四之器	차를 끓이고 마실 때 사용하는 용기와 전국에 있는 주요 가마에서 나오는 다구의 우열을 설명하였다.
오지자五之煮	차를 굽고 끓이는 방법 및 차를 끓일 때 사용되는 물의 등급에 관해 기록하였다.
육지음六之飮	차 마시기의 역사와 차의 종류, 음차의 풍습을 담았다.
칠지사七之事	차에 관한 고사와 차의 약효를 모아 놓았다.
팔지출八之出	당시 전국의 유명한 차산지의 분포상황과 차산지를 소개하였다.
구지략九之略	차를 딸 때, 제조할 때, 마실 때의 도구가 각각 어떠한 상황에서 꼭 필요하며, 어떠한 상황에서 생략해도 되는지 설명하였다.
십지도十之圖	『다경』을 흰 명주에 써서 걸어두고 차의 제조법과 끓이기, 마시기를 배워 이를 따라 해야 한다고 기록하였다.

을 마시는 데에 적당한 사람은 정성스러운 행실과 검소한 덕을 갖춘 사람이다. 만약 열이 있어 갈증이 나고 괴로움이 있거나, 머리가 아프거나 눈이 깔깔하거나 사지가 번거롭거나 뼈마디가 편치 않거나 할 때, 네댓 모금만 마셔도 제호(醍醐), 감로(甘露)와 어깨를 겨룰 만하다"고 차의 효능을 충분히 설명하는 동시에, "정성스러운 행실과 검소한 덕을 갖춘 사람(精行儉德)"이라는 차의 정신을 제기하고 있다.

④ 〈삼지조〉에서는 "차의 싹이 죽순처럼 생긴 것은 바위가 부서진 자갈밭의 비옥한 땅에서 자라며, 길이가 네댓 치쯤 되면 모양이 고비나 고사리가 처음 솟아오르는 것과 같은데 이런 것은 이슬을 밟으면서 딴다. 찻잎의 싹은 떨기가 져 우거진 곳 위로 세 개나 네 개 또는 다섯 개로 되어 있는 가지 중에 이삭처럼 쑥 빼어난 것을 골라 딴다." 이는 모두 현대의 과학적인 제차이론과 틀리지 않는다.

⑤ 〈오지자〉에서는 차를 끓일 때는 반드시 깨끗하고 살아있는 물을 사용해야 하며, 차와 물의 비례는 적당해야 한다고 하였다. 〈사지기〉에서는 좋은 다구를 선택해야 하며, 찻잔과 차의 색이 서로 맞아야 한다고 하였다. 이러한 견해는 현대 차문화 관계자들이 좋은 차를 우릴 수 있는 방법을 연구하는데 있어 도움이 되고 있다.

⑥ 〈칠지사〉는 50여 권에 가까운 전적에서 차사의 역사기록을 귀납해 냄으로써 현대 차문화 관계자들이 중국 차문화 역사를 연구하는데 매우 중요한 참고자료가 되고 있다.

⑦ 〈팔지출〉은 당나라 시기의 차산지 분포를 기록하고, 일부 품질이 좋은 찻잎에 명칭을 붙이기도 하였다.

『다경』은 '차학'이라는 분야에 일종의 규범을 세워주었으며, 오랜 경험을 통해 그것을 체계화하고 이론화함으로써 차학계의 경전이 되었다.

2장

차_나_무
茶樹

차나무의 식물학적 특성

차나무의 학명과 종류

차는 예로부터 잘 알려져 있었음에도 불구하고 식물학적 연구는 최근에 시작되었다. 차$_{Camellia\ sinensis}$는 동백나무과의 식물이지만 그 속명에 대해서는 차나무속과 동백나무속 두 가지 학설이 있으며 식물학자들 간에도 오랫동안 논쟁이 계속되어 혼란을 겪어 왔다. 차나무속으로 분류하는 학자도 있는데 차와 동백나무 속명을 구별하는 것은 잘못된 것이라는 주장이 높아져서 최근에는 차나무도 동백나무와 같은 속으로 취급하게 되었다.

차를 분류학적으로 나누면 온대지방의 소엽종(중국종)과 열대지역의 대엽종(앗쌈종)으로 나눌 수 있다. 그러나 그 중간형도 많이 있으며 잎의 형태와 크기 또는 나무형태나 형질변이가 심한 특

600년 된 송종 차나무(2004/ⓒ박홍관)

품종별 차나무 비교

종 류	중국 대엽종 var. macrophlla	중국 소엽종 var. bohea	인도종 var. assamica	샨종 var. shan
키(m)	5~32	2~3	10~20	4~10
엽장 (cm)	13~15	4~5	22~30	2~3
엽맥(쌍)	8~9	6~8	12~16	10
분포	중국 호북성·사천성·운남성 일대	중국 동남부, 한국·일본·대만	인도의 앗쌈, 매니푸, 카차르, 루차이	통킹, 라오스, 타이북부, 미얀마, 앗쌈지방 등
특징	잎이 약간 둥글고 큼. 교목성, 발효차용	대량생산 가능 주로 녹차용	잎이 크고 넓음 교목성, 홍차용	교목성
잎모양				

징을 가지고 있다. 그러므로 학명 하나를 가지고도 분류학상 여러 가지 혼란이 일어나서 분류학상의 아종亞種(subspecies), 변종變種(varietas), 품종品種(forma), 잡종雜種(hydra), 재래종在來種(cultivar) 등을 포함해서 차나무의 학명은 100여 종에 달한다. 한 종의 식물에 대해 식물학자들이 이와 같이 여러 가지 학명을 붙인 것을 볼 때 차나무가 얼마나 많은 다양한 형질을 가지고 있는지 추측해 볼 수 있으며 그 가치적인 면에서도 여러 사람들이 주목해 온 식물이라는 것을 알 수 있다.

인도에서 차나무 연구를 해온 영국의 식물학자 와트(Watt, 1907)는 차나무 학명을 4개의 변종으로 분류했다. 그러나 와트의 분류방법에 문제를 제기한 네덜란드의 식물학자 코헨 스튜어트(Cohen Stuart)는 그 분류법을 수정하여 다시 4개의 변종으로 분류했다. 그 후 1958년 영국의 실리(Sealy)가 정리한 카멜리아 시네신스(Camellia sinensis (L)O.Kuntz)가 차나무의 공식 학명으로 자리잡았다.

차나무의 꽃과 열매

일반적으로 가을이 깊어지면 여러 가지 초목의 꽃이 사라지는 계절이지만 차나무 꽃은 활짝 피게 된다. 꽃이 피는 시기는 지역에 따라 다소 다르지만 그해 봄에 자란 가지 끝 또는 곁가지에서 나오는 양성화兩性花로 한 곳에 한 개 내지 두 개 이상이 집단적으로 무리지어 핀다. 꽃눈은 여름에서 가을에 걸쳐 곁가지에서 서서히 분화해가기 때문에 개화도 8월 하순에서 시작해 11월 서리

차나무의 꽃과 열매

가 내릴 때까지 핀다. 늦게 피는 것은 1월의 찬바람을 견디며 피는 것도 있다. 보통 건강한 차나무보다 부실한 차나무나 나무의 밑둥지에서 많이 맺힌다. 여름철 고온에서 새싹의 생육이 억제되면 그때부터 꽃이 필 준비를 시작한다.

　　꽃눈은 4월경에서부터 형성되기 시작하여 가을에 핀 후 약 5일 만에 꽃잎이 떨어진다. 차나무 꽃은 지름이 3~4센티미터로 작은 편이고 흰색의 꽃잎은 5~8장의 홑꽃으로 130~250개의 노란색 수술과 암술이 있다.

열매에는 털이 없고 내부는 3~4개의 방으로 이루어져 있다. 빠른 것은 8월말에도 성숙하지만 대부분은 10월이 되어야 열매껍질이 벌어지고 1~5개의 씨가 들어 있다. 열매 하나에 한 개의 씨가 들어 있는 것은 둥근 모양이며, 여러 개의 씨가 들어 있는 것은 편평한 모양을 나타낸다. 중국종은 앗쌈종에 비해 작은 편이다.

차나무의 수명

차나무의 수명에 대해서는 현재까지 확실히 단정할 수 있는 자료가 없다. 차나무는 계속하여 뿌리에서 새로운 줄기를 발생시킨다. 또한 옆으로 퍼진 뿌리에서 다시 새로운 줄기가 나와 전체가 죽지 않는 특징을 가진 것으로 밝혀졌다.

열대지방의 차나무는 교목성이므로 탄소측정법으로 나이를 추정할 수가 있다. 지금도 꾸준히 운남성·사천성 지방에서는 야생 고차수古茶樹가 발견되고 있다. 대만 미원산眉原山의 야생차나무 중에서는 지름이 20센티미터로 나이가 98년이나 된 것을 발견하였다. 또 150년 정도의 나이를 가진 차나무도 발견되었다. 인도의 앗쌈 지방에는 파종 후 100여 년 된 차나무가 많이 남아 있다.

열대지방 식물의 특징은 눈으로 구별하기 곤란하지만 다른 나무와 비교 관찰하여 보면 지름이 45센티미터 정도 되는 것은 대략 120~140년으로 추정할 수 있다. 지금까지의 연구로 보면 차나무의 수명은 150~200년 정도라고 여겨진다.

차나무의 생육환경

기상조건

일반적으로 차나무가 자라기에 적합한 연평균 기온은 섭씨 14~16도 범위로 16도를 넘으면 성장은 양호하지만 품질이 떨어지며, 40도를 넘어가면 잎이 파란색으로 말라가는 청고(靑枯) 현상이 발생한다. 또한 겨울철 최저기온이 영하 2도 이하에서는 새싹이 동해(凍害)를 입는다. 동해를 입게 된 찻잎은 세포막의 수분이 얼어서 파열되어 더 이상 수분이 공급되지 않으므로 붉게 변하는 적고(赤枯) 현상이 나타난다. 영하 13~14도 이하인 지역에서는 줄기까지 얼게 되어 피해가 많아진다.

차나무를 재배하기 위해서는 연강수량이 1천300~1천500밀리미터 이상이어야 한다. 특히 3~10월 차나무가 자라는 시기에는 1

천 밀리미터 이상 내려야 한다. 기상조건은 차의 품질과 많은 관련성이 있다. 보통 기후가 서늘하고 낮과 밤의 온도차가 크고 강이나 호수 등 주변의 습도가 높은 지역에서 생산된 찻잎으로 차를 만들면 맛과 향기가 뛰어난 품질 좋은 차를 만들 수 있다.

좋은 환경에서 차나무 뿌리를 통해 흡수된 아미노산 성분이 줄기를 통해 잎으로 전달되는데, 일반적으로 온도가 낮은 지역에서는 잎에 축적되어 차의 감칠맛이 좋아진다. 열대지방에서는 잎으로 전달된 아미노산 성분이 떫은 맛을 내는 폴리페놀로 전환되기 때문에 품질이 떨어진다.

홍차는 기온이 낮은 경우 폴리페놀 함량이 낮기 때문에 탕색이 엷고 향과 맛도 약해져 차의 품질이 떨어진다. 그러나 기온이 높은 지역에서 생산된 홍차는 탕색이 진하고 맛과 향이 강하여 품질이 우수하다.

낮과 밤의 일교차가 큰 지역에서는 찻잎의 방향성 성분이나 이를 유도하는 물질의 생성이 많아져 향이 강하다. 세계적으로 유명한 인도의 다즐링차, 스리랑카의 우바차, 대만의 고산차, 중국의 무이차 등은 모두 1천500~2천 미터의 고산지대에서 생산되는 차들이다.

토양조건

차의 뿌리는 1미터 이상 깊이 뻗는데 화산회토에서 3미터 이상 뻗은 경우도 보고 될 정도이므로 잘 자라기 위해서는 무엇보

일교차가 큰 무이산 계곡과 차나무(왼쪽 그림/ⓒ 박홍관)

다도 토양의 물리성이 좋아야 한다. 일반적으로 차 재배를 위한 토양조건은 지하수위가 낮아야 하며, 60센티미터 이상 깊이까지 뿌리가 뻗을 수 있는 조건, 즉 유효토층이 깊어야 한다.

차나무가 자랄 수 있는 적당한 토양은 약산성 토양이지만 다른 작물이 좋아하는 중성 토양에서는 차나무가 잘 자라지 않는다. 오히려 강산성인 토양에서도 잘 자라는 특이한 성질을 갖고 있다.

물리성에서는 공기의 유통이 잘되는 땅(통기성), 물 빠짐이 좋은 땅(투수성), 물을 간직하는 힘(보수성)과 토양산도(약산성), 양분을 간직하는 힘(보비력) 등이 좋아야 좋은 차를 생산할 수 있다. 이러한 조건을 만들기 위해 토양에 퇴비를 많이 주어 개량하고 있다.

차의 품질은 토양에 따라 다르지만 대체로 물 빠짐이 좋은 자갈밭에서 자란 차가 좋고, 화산회토 등에서 자란 차는 약간 쓴 맛이 있다. 황색 토양이나 적황색 토양의 점질토양에서 자란 차는 강한 맛이 있으며 차의 색은 청색을 띠고, 탕색은 약간 황색을 띤다. 부식질의 화산회토에서는 다소 쓴 맛을 내고, 모래성분이 많은 흙에서는 차의 색이 엷은 청록색이고 우려낸 차의 향과 맛이 가볍다.

차나무의 육종

차나무는 타가수정*을 하는 식물로서 기후와 토양에 따라 다양한 품종이 있다. 사람들은 이러한 원시상태의 차나무 중에서 선택을 통하여 우수한 품종을 얻을 수 있었다. 하夏·상商·서주西周 시대에 이미 '우량품종'이라는 개념이 있어 이를 '가종嘉種'이라고 불렀다.

오래 전부터 차를 발견하고 마셔온 중국 사람들은 차의 특성과 장점을 잘 알고 있었으며, 과학기술의 발전과 함께 차나무의 유전규칙을 파악하고 선택과 배양을 통해서 우수한 차나무 품종을 개발하였다.

> 타가수정他家受精은 같은 나무의 다른 꽃이나 다른 나무의 꽃으로부터 꽃가루를 받아 수정하는 것을 말한다.

고대의 차나무 품종에 대한 인식

당나라 이전에 다양했던 차에 대한 명칭은 육우에 의해 오늘날과 같은 차茶자로 통일되었다. 또한 육우는 완성된 차의 품질과 생산지에 따른 차를 구별하였고, 차나무를 야생종과 재배종으로 나누고 야생종을 그 우위에 두었다.

송나라 자안子安은 『동계시다록東溪試茶錄』에서 복건성 건안建安의 차나무를 7가지로 분류하였다.

자안이 분류한 7가지 차나무

	종류	특징
1	백엽차白葉茶	산이나 냇가를 가리지 않고 잘 자라는데 싹은 불규칙하게 난다. 찻잎은 종이와 같이 하얗고 일반인들이 차를 만들어 접대할 때 쓴다.
2	감엽차柑葉茶	차나무의 높이는 3.33미터가 넘고 굵기는 23~26센티미터에 이르며 찻잎은 두껍고 둥근데 감귤 잎과 유사하며 잘 자란 싹은 6.7센티미터를 넘는다.
3	조차早茶	감잎과 비슷하며 봄에 일찍 새싹이 난다.
4	세엽차細葉茶	잎이 감잎에 비해 얇고 가늘며 차나무의 높이는 1.6~1.9미터이다. 싹은 짧고 하얗지 않으며 사계산沙溪山에서 나는데 흙이 얇게 덮인 까닭에 무성하지는 못하다.
5	계차䅣茶	잎은 가늘고 두터우며 촘촘한데, 싹은 자라면 청황색이다.
6	만차晩茶	계차 종류이나 싹이 늦게 난다.
7	종차叢茶	벽차櫱茶라고도 부르며 싹이 나서 1년 동안 높이가 1미터에 못 미치고 싹은 네 개가 난다.

차나무 묘목

명나라 주숙朱橚은 『구황본초救荒本草』에서 "모든 차나무는 크든 작든 치자梔子나무의 일종이다. 이른 봄에 나는 잎을 작설雀舌 또는 맥과麥顆라고 하는데 크기가 한 마디를 넘지 않으며 굵기는 바늘과 같다. 싹은 차츰 연한 가지로 변해 굵고 길어진다. 또 처음에 나왔던 큰 잎은 광택이 난다"고 하였다.

차나무의 무성번식*은 청나라 건륭 년간부터 시작되었는데, 복건성 안계현의 위음魏飮이 차나무 가지를 꺾꽂이 방법으로 어린 묘목을 만들었다. 1780년에는 이러한 꺾꽂이(揷木法)를 사용하여 철관음鐵觀音 품종이 탄생되었다. 그러므로 무성번식에 의한 새로운 품종개발이 이미 청나라 때부터 있었음을 알 수 있다.

*싹이 나거나 땅 속 줄기에서 나와 두 개 이상의 새로운 개체를 만드는 것을 말한다.

차나무의 번식방법

종류		특징
유성생식	종자파종	가을에 핀 꽃이 이듬해 가을에 열매를 맺는 차나무에서 얻은 차 씨앗을 파종하는 방법이다. 번식방법이 비교적 간편하고 한꺼번에 많은 묘목을 얻을 수 있어 비용이 적게 든다. 뿌리는 직근성으로 곧고 깊이 내려 안정되며, 밑둥지에서부터 가지가 풍부해서 수세를 형성하기 좋고, 기후와 환경에 잘 적응한다.
무성생식	꺾꽂이법	잎이나 줄기를 잘라 땅에 꽂아 뿌리를 내리게 하여 번식시키는 방법이다. 보통 봄에 자란 싹을 따지 않은 가지 하나에서 1~3개의 꺾꽂이 모를 고른다. 잎을 두 장 남기고 아래 잎에서 3~4센티미터 정도를 사선으로 잘라서 심는다. 꺾꽂이 시기는 3월에서 10월이 좋다.
	접목법	접붙이기는 어미나무에 원하는 품종의 가지를 잘라 붙이는 방법으로 차나무에서는 접목도 가능하지만 많은 양의 묘목을 필요로 하는 차원 조성에는 잘 맞지 않다. 그러나 신품종을 개량하는 실험용으로 이용된다.
	휘묻이	꺾꽂이 기술이 확립되기 전에 많이 사용되었던 방법이다. 어미나무의 가지를 자르지 않고, 1~2년 된 가지를 구부러서 땅에 묻어 뿌리가 나게 하는 것으로 뿌리가 안정되면 잘라서 묘목으로 사용한다. 꺾꽂이에 비해 묘목 생산이 적고 생육도 불안정한 편이다. 주로 3월 중순이나 하순, 6월 중순이나 하순, 9월 하순이 좋다.

근대의 차나무 육종

19세기 말에서 20세기 초에 복건성의 차농茶農인 임씨林氏는 2~3잎이 달린 차나무를 꺾꽂이하는데 성공하였다. 1857년에는 임씨의 방법과 같이 하여 복정대백차福鼎大白茶를 만들었다.

서구 열강의 압력에 의해 혼란했던 청나라와 그 이전에는 차나무 품종과 보급에 대한 인식이 없었다. 중국 근대차엽과학의 창시자 오각농吳覺農은 1922년에 다음과 같은 〈중국차업개혁방안기준(中國茶業改革方准)〉을 발표하였다.

> 차나무의 품종은 복잡하다. 인도·스리랑카·일본의 차는 모두 중국에서 가져간 것이다. 단지 인도와 스리랑카는 앗쌈 원종과 중국종이 교잡된 인도 잡종에서 선택된 우량 품종을 번식 육성하였다. 전문적으로 품종을 연구하는 전문차원이 있다(일본은 현재 연구 중이다).
>
> 중국은 역사가 가장 오래 되었고 지역적으로 넓어 여러 가지 품종이 있기 때문에 확연히 그 차이를 알 수가 있다. 그러나 농민들은 그저 종자 파종만으로 재배를 하여 교잡에 의한 차나무의 특성이 희미해지고 있다.

오각농은 위의 글을 발표하면서 다음과 같이 호소하였다.

> 우수한 차나무 하나를 선택하여 접목이나 꺾꽂이 방법으로 각 지역마다 녹차·청차·홍차 품종에 맞는 환경을 조성하여 색·

오각농이 런던 차엽 가게 앞에 서 있다.

향·미가 좋아지고 생산량이 증가하도록 재배하는 것이 필수적이다.(〈오각농선집吳覺農選集 차엽연구소의 업무방침〉)

오각농이 이끄는 차엽연구소에서는 차나무 육종연구에 더 힘을 기울였다. 그리하여 품종을 관찰하고 우수한 차나무를 선택하여 유전인자 및 교배방법을 연구한 끝에 『차수육종茶樹育種』을 집필하였으며 지방 품종과 우량품종을 기록하고 있다.

엽지수葉知水와 이연표李聯標 등은 차나무 품종의 조사를 실시하였다. 이로써 근대 중국의 차나무 육종연구가 시작되었다.

현대의 차나무 육종

현대의 차나무 육종은 1950년을 전후하여 학교에 차학과가 신설되고, 각 성에 차엽과학연구소가 생기면서 활발해졌다. 학교 신설 초기에는 육종연구가 이루어지지 않았으나 1960년대에 들어서 육종교육연구팀 혹은 육종연구실이 설립되었다. 1958년 중국농업과학원 차엽연구소가 생기고, 차나무 품종과 자원조사 계획을 수립하는 중에 중국 각지의 협조로 우량종의 차나무 선발과 육성 그리고 보급에 가속도가 붙었다.

대만의 유명한 차전문가인 오진탁吳振鐸은 1948년부터 차나무 육종연구를 시작하였다.

차싹이 가지런히 나고 밀도가 높으며, 기계 채차에 적합한 품질 좋은 대만차 계열의 품종을 10여 종 개발하였다. 그 중에서 '대차12호'는 대만 차원茶園 면적의 12퍼센트를 차지하고 있다. 비슷한 시기에 차전문학교에서도 차나무 육종과 기초이론연구를 시작했다.

1963년에 일차적으로 정리한 지방의 차나무 품종은 350개에 달했는데, 그 중 257개 품종의 특징과 모양을 기록하고 있다.

1964년에 전국차수육종업무회의(全國茶樹育種工作會議)를 개최하여 육종에 대한 경험을 교류하고 프로그램을 마련하여 전국적인 차나무 육종업무를 시작하였다. 1965년에 전국차수품종자원연구全

중국차의 품종

종류	찻잎	주요 재배지	특징
조백첨早白尖 (화차花茶 28호)	중엽종, 조생종	사천·절강· 복건·호남성 등	녹차와 홍차용으로 주로 이용되고 있으며 색과 향과 맛이 좋으며 일반 품종에 비하여 20~30퍼센트 수확이 늘어난다.
의창대엽 宜昌大葉 (화차 29호)	대엽, 조생종	호북성	1950년대에 개발되었으며 내한성이 강한 편이고 녹차 또는 홍차용으로 이용되고 있으며 색과 향과 단맛이 좋다.
용정龍井 43호(화차 37호)	중엽종, 조생종	절강·안휘성 등	용정차 계통에서 선발된 품종으로 움트는 힘이 특히 강하고 싹트는 것이 균일하다. 추위와 가뭄에도 강하고 수확량도 많다.
벽운碧雲 (화차 44호)	중엽종, 중생종	안휘·강서· 호남성 등	추위와 건조에 강한 편이며 꺾꽂이를 해도 뿌리가 잘 자란다. 생산량은 비교적 높은 편이며 향기가 좋은 녹차용으로 좋다.
운항雲抗 14호 (화차 51호)	대엽, 중생종		추위에 강하고 가뭄에 강하며 병에 대한 저항력이 대엽종 중에서 강한 편이다. 꺾꽂이를 해도 뿌리가 잘 내리며 수확량도 많다. 홍차나 보이차용으로 좋으며 향기가 오래가고 단맛이 많다.

*중국에서 품종으로 등록된 것은 52품종이 있으며 그 중 화차 1호부터 30호까지 30개 품종을 1984년에 등록하였으며 31호부터 52호까지 22품종은 1987년에 등록하였다.

國茶樹品種資源硏究와 이용학술토론회에서 각 성의 차나무 품종을 평가하여 복정대백차福鼎大白茶 등 21개 우량 품종을 전국적으로 널리 보급하였다.

1973년에 장사長沙에서 열린 전국차수품종육종경험교류회全國茶樹品種育種經驗交流會에서 육종의 보급 경험을 총괄하여 41개의 우량 품종을 신청하였다.

1978년에 열린 전국과학대회에서 용정龍井 43호, 복운福雲 6호, 복운 7호, 복운 10호 등이 과학대회상을 받았다. '75' 계획에 따라서 국가과학기술프로젝트에서는 차나무 품종의 수집, 평가와 이용에 대한 연구를 국가가 하였으며, 아울러 차나무 품종자원의 관리를 강화하였다.

15년간의 연구를 통해서 중국 차나무 품종자원 기본그림을 그릴 수 있었으며, 절강성 항주와 운남雲南의 맹해勐海에 각각 차나무를 심고 차원을 설립하였다. 또한 알맞은 묘포苗圃나 종자자원에 대한 감정평가를 통하여 종자자원에 대한 농업기술 현상, 저항력, 품질, 생화학성분 등의 자료를 우량품종과 특이한 품종의 육종과 생산에 이용하도록 제공하였다.

또한 DNA검사와 동위원소표준 측정을 통하여 일차적으로 표준지대의 유형과 강약을 분명히 파악하여 무성생식 친자간의 차이성을 파악하게 하였다. DNA와 단백질의 유전적 안정성을 명확하게 하여 차나무 품질에 관한 연구의 기초를 제공하였다. 그리고 야생 고차수의 발견으로 중국 서남부가 차나무 기원이라는 사실이 학계의 정설이 되었다. 이러한 연구는 학술적인 의미뿐만 아니라 오랜 된 차나무를 보호하는 계기가 되었다.

1980년대부터 시작한 차나무 신품종의 생육은 농업부의 중점

연구 과제가 되었으며 20년간 배출된 우수한 차나무 품종의 생육으로 중국 차나무 재배품종이 풍부하게 되었다. 그 밖에 차나무 육종의 기초적인 연구, 예를 들면 유전법칙, 조기감정 등도 중요한 발전을 이루었다.

1981년에 성립한 전국차수우량종심사위원회*는 차나무 품종심사 업무 규정과 조작방법을 제정하였다. 새로운 차나무 품종의 경제적 이용가치, 적응지역 재배요점 등을 정하고 평가하였다.

각종 시험방법을 제정하고 신품종의 확대보급, 육종 혹은 중지를 건의하게 되었다. 1985년, 1994년, 1998년도에 각각 77개 차나무 품종에 대해 인정 혹은 심사를 하였다. 그 밖에도 절강성 항주, 하남의 신양, 광동의 영덕 등에 지역시험소를 설립하였으며 수차례에 걸쳐 70개 품종의 지역시험을 진행하였다.

1992년에는 산동의 일조日照에서 차원茶園에 무성계 우량품종 재배를 건의하였다. 1997년 농업부는 종자의 직접파종과 이식재배라는 전통적 방법을 없애고 30년간의 노력을 거쳐 전국적인 무성계 우량종자화를 실시하였다.

21세기에 중국은 차나무 유전자 기초연구를 강화하고 전통기술을 응용하는 것 외에도 세포의 수준, 분자 수준과 아분자 수준에서부터 차나무 종류와 육종에 대한 연구를 통해 신품종 배양에 노력하고 있다.

> 1989년에 전국농작물품종심사위원회차수전업위원회로 바뀌었다.

나무 품종에 관한 서적				
책이름	지은이	내용	출판사	발행연도
중국차수품종지 中國茶樹品種志	중국차엽편집위원회	84개 품종과 부록에 야생 대차수 4개와 지방품종(계) 183개		1959
차수품종선발과 우량종 번식육종(茶樹選種與良種繁育)	안휘농학원	교재		1961
차수육종학茶樹育種學	절강농학원	교재	상해과학기술출판사	1964
차수품종지茶樹品種志	복건성 농업과학원	차엽연구소 무성계 품종 103개와 유성계 품종 47개 소개	복건성 인민출판사	1978
차수육종학	호남 농학원	시험용 교재		1979
중국차수우량품종집	농업부 농업국과 중국농업과학원 차엽연구소	52개 우량품종 보급용	상해과학기술출판사	1990
경제작물신품종선육논문집		신품종 육성에 관한 논문	상해과학기술출판사	1990
중국차경中國茶經		차에 관한 백과사전	상해문화출판사	1992
중국고차수中國古茶樹		고차수의 특성을 체계적으로 소개하고 야생차나무보호를 건의	상해문화출판사	1994
차수양종茶樹良種		우량한 차나무의 개발과 보전에 관한 내용	금둔문화사	1994
중국차수품종지 中國茶樹品種志	중국차수품종지편집위원회	역사가 오랜 중국 차나무의 오랜 기원과 분류, 육종, 품종 분포구역, 차나무의 번육을 다룸.	상해과학기술출판사	2001

3장

중국차의 분류

分類

생산지에 따른 분류

차구별 분류

중국 현지에서는 차가 생산되는 곳을 차의 산지産地라고도 하지만 다르게는 차구茶區라고도 한다. 중국의 주요 차구는 크게 중국 대륙을 동서로 가로 지르며 우리에게는 양자강揚子江으로 알려진 장강長江을 중심으로 화남차구·서남차구·강남차구·강북차구 이렇게 네 갈래로 나눈다. 대만도 제2의 중국차 산지라 할 만큼 명차를 많이 생산하고 있다.

강북차구江北茶區는 장강 중하류 지역의 북부지역이다. 산동성·안휘성 북부, 강소성 북부, 하남성·섬서성·감숙성이 이에 속한다. 중국의 차구 중 가장 북쪽에 위치한 탓에 냉해冷害를 입기도 하고,

중국차의 성별 생산현황

(중국차엽유통협회 2005년 기준)

생산지	총생산량	차의 종류				
		녹차	청차	홍차	긴압차	기타
강소성	11,243	9,680		1,299		264
절강성	138,700	137,313	125	139	295	828
안휘성	55,760	51,225		2,137		2,398
복건성	164,396	82,090	72,852	2,707	79	6,668
강서성	13,451	10,810		1,842		799
산동성	4,956	4,956				
하남성	12,132	12,132				
호북성	76,235	62,219		3,009	9,229	1,778
호남성	66,632	32,946	506	14,613	9,282	9,285
광동성	40,400	17,964	16,526	1,565	11	4,33
광서성	22,351	17,118		186		5,047
해남성	1,338	1,061		227		50
사천성	86,464	61,090	147	881	8,944	15,402
귀주성	19,363	11,041	3	73	225	8,021
운남성	95,080	81,737	9	11,794	130	1,410
섬서성	10,239			10,239		
감숙성	426	426				

강수량이 적어 한해旱害를 입기도 한다. 주로 녹차가 많이 생산되며 산동성과 감숙성은 최근에 떠오르고 있는 새로운 차산지이다.

강남차구江南茶區는 장강 중하류의 동쪽에 속한 지역이다. 강우량이 안정된 아열대 기후지역으로, 중국차 생산량의 절반을 차지하는 곳이다. 절강성·강소성 남부, 안휘성 남부, 강서성·호북성·호남성이 여기에 속한다. 관목형의 중·소엽종 차나무가 많으며, 홍차와 녹차가 주로 생산되고 흑차도 많이 생산된다.

화남차구華南茶區는 장강 중하류 지역의 동남부 지역이다. 열대에서 아열대 기후가 나타나는 곳으로 광서성·광동성·복건성·해남성·대만이 여기에 속한다. 중·소엽종의 차나무가 주로 있지만, 수선水仙 같은 대엽종의 차나무도 있다. 청차가 많이 생산되며 녹차·홍차·백차도 생산된다.

서남차구西南茶區는 장강 상류 지역의 서남부 일대이다. 광서성·귀주성·운남성·사천성·서장 동남부 등이 여기에 속한다. 이들은 중국차의 3대 근원지라고도 할 수 있다. 티베트 동남부 지역도 사천차구에 속하며, 여기에서는 대엽종과 중엽종 차나무가 주로 자란다. 고원지대로 비교적 강우량과 기온이 안정되어 있으며, 흑차가 많이 생산되고 녹차나 홍차도 생산된다.

성별 생산 명차

중국은 각 성별로 유난히 명차가 많아 우리에게 많이 알려져 있는 차의 종류만 해도 30~40여 종류가 넘으며 알려지지 않은 명

성별로 생산되는 명차	
구성	내용
강소성	¹금산취아, 남경우화차, 동정벽라춘, 무석호차, 양선설아, 태호벽라춘, 태호취죽, ⁶의흥홍차
절강성	¹강산녹목단, 개화용정, 경산차, 고저자순, 대불용정, 망해차, 보타불차, 서호용정차, 설수운록, 안길백차, 임해반호, 천도옥엽, ³막간황아, 온주황탕, ⁵구곡홍매, ⁶금장혜명차
안휘성	¹경정녹설, 구화모봉, 노죽대방, 둔록차, 용계화청, 육안과편, 정계난향, 태평후괴, 황산녹목단, 황산모봉, ²곽산황아, ⁶기문홍차
강서성	¹여산운무, 쌍정차, ⁶영홍공부
호남성	¹고장모첨, 고교은봉, ³군산은침, ⁵복전차, 상첨차, 천량차, 화전차, 흑전차
호북성	¹선인장차, 은시옥로, 협주벽봉, ⁵노청차, 호북흑차
산동성	¹부래청, 일조설청, 해청모봉
하남성	¹신양모첨
복건성	²백목단, 백호은침, ⁴대홍포, 매점, 모해, 무이수선, 무이육계, 민북수선, 반천요, 백계관, 백기란, 본산, 수금귀, 안계철관음, 영춘불수, 철라한, 황금계, ⁶정산소종, ⁷말리화차
광동성	⁴봉황단총, 봉황수선, 영두단총, ⁶영덕홍차
광서성	¹계림모첨, 계평서산차, ⁵육보차, ⁷횡현말리화차
해남성	¹오지산녹차
사천성	¹몽정감로, 아미모봉, 죽엽청, ³몽정황아, ⁵사천흑차
귀주성	¹도균모첨, 귀양애모봉, 정설아
운남성	⁵운남보이차, 전홍공부차, 죽통향차
대만	⁴고산모룡차, 금훤오룡차, 동정차, 목책철관음, 문산포종차, 백호오룡

*차 이름 앞의 작은 숫자는 6대 차류와 화차를 표시한 것으로 1 : 녹차, 2 : 백차, 3 : 황차, 4 : 청차, 5 : 흑차, 6 : 홍차, 7 : 화차이며 차이름은 가나다순으로 정리했다.

차 또한 많다. 지금도 중국은 끊임없이 새로운 명차를 개발하고 있다.

명차란 소비시장에서 지명도가 있는 유명한 차를 말하는데 그 기준에는 몇 가지 원칙이 있다.

첫째, 역사적인 명차인데 문헌에 기재되어 있으며 역사가 오래 되었고 우수한 품질로서 높은 평가를 받았으며 이름이 널리 알려진 차이다.

둘째, 같은 차 종류에서 품질 특성이 우수한 차이다.

셋째, 수출하고 있거나 국내에서 판매량이 많아 높은 경제적 가치를 지니고 있는 차이다.

넷째, 우량한 차나무 품종에서 생산된 잎으로 제차하여 독특하고 우수한 품질을 지녀 다른 차로 대체될 수 없는 차이다.

다섯째, 아름다운 외형으로 인해 독특한 상품 가치를 가지고 있으며, 높은 경제적 가치를 가지고 있는 차이다.

최근에 중국의 차 생산지역에서는 명차의 개발과 연구를 아주 중요하게 생각하고 있어서 새로 개발된 명차들이 끊임없이 나타나고 있다. 중국 여러 지방에서 비교평가회·투차회·전시평가회·박람회·시음회 등등 여러 가지 명차 품평회를 활발하게 벌임으로써 명차의 생산과 발전을 촉진시키고 있다.

안휘성

양자강과 회하淮河 유역에 자리잡은 성으로 23개 성 가운데 면적이 가장 작은 성이다. 안휘성의 북부에는 드넓게 펼쳐진 화북평원華北平原이 있는데, 양자강 유역인 이 성의 남부는 서에서 동으로 뻗어 있는 험준한 산맥들에 의해 북부의 평원과 분리된다. 화북평원에 흐르는 회하는 평탄한 평원을 가로지르면서 홍택호洪澤湖로 흘러 들어가는데 이 유역은 넓은 지역에 걸쳐 매년 홍수의 피해가 심하다.

기후는 덥고 습기가 많은 여름과 서늘하고 건조한 겨울이 특징인 계절풍 기후로 중국의 다른 지역과 구별된다. 유명한 관광지로는 황산黃山과 구화산九華山* 등이 있다. 황산은 그 아름다움이 뛰어나 1990년 UN에서 세계문화 자연유산으로 지정하였다.

차밭은 대부분 산지로 언덕에서 산꼭대기까지 계단으로 이루어져 있으며, 중국의 10대 명차 중 황산모봉·육안과편·태평후괴·기문홍차 네 종류가 생산되고 있을 정도로 안휘성은 차茶의 고장이라 할 수 있다.

구화산은 오대산·보타산·아미산과 더불어 4대 불산佛山 중 하나이다.

- **면적** : 1399만 제곱킬로미터　● **인구** : 약 6152만 명　● **성도** : 합비合肥
- **주요 생산 차** : **녹차**— 휴녕, 흡현의 둔록, 황산의 황산모봉·황산은구, 육안의 과편·제산명편, 태평의 태평후괴, 휴녕의 휴녕송라, 경현의 용계화청·경현특첨, 청양의 황석계모봉, 흡현의 노죽대방·녹목단, 선주의 경정녹설·천호봉편·고봉운무차, 금채의 제산취미·제산모첨, 서성의 난화차, 동성의 천아향명·동성소화, 구화산의 모봉, 적계의 금산시차, 휴녕의 백악황아·명주차, 잠산의 천주검호, 악서의 취란, 영국의 황화운첨, 곽산의 취아, 여강의 백운춘호　**황차**— 곽산황아, 곽산 황대차　**홍차**— 기문의 홍차

강소성

평원 지형이 전체 면적의 68.8퍼센트를 차지하고 있고, 전국 평원면적과 비교하여 보면 비교적 큰 성이라고 할 수 있다.

동부연안을 따라 남북으로 길게 자리잡고 있어 온대 계절풍기후와 아열대 습윤기후가 교차하고 있다. 연평균 기온은 섭씨 13도에서 16도이며 연강수량은 800~1천200밀리미터이다. 소주 태호 동정산에는 차나무가 여러 가지 꽃과 과일나무가 함께 자라고 있어 '일눈삼선嫩三鮮'의 벽라춘이 생산된다.

자사호로 유명한 의흥에서는 당나라의 공차貢茶였던 양선설아가 증청차의 맥을 잇고 있다.

또한 명나라의 수도였던 남경에서는 우화대雨花臺 사건*을 기념하기 위한 남경 우화차가 새로운 명차로 떠오르고 있다.

항일전쟁시기이던 1937년 12월에 일본군이 남경南京을 침입하였다. 그리고 이른바 '남경대학살'이 자행되었다. 이때 남경외곽이던 우화대에서도 대량 학살이 이루어졌다.

● **면적** : 10만 2천 제곱킬로미터 ● **인구** : 약 7438만 명 ● **성도** : 남경南京
● **주요 생산 차** : **녹차**— 의흥의 양선설아 · 형계운편, 남경의 우화차, 무석의 이천은호 · 무석호차, 율양의 남산수미 · 전봉설련, 강녕의 취라 · 매화차, 소주의 벽라춘, 금단의 작설 · 모록취봉 · 모산청봉, 연운항의 화과산 운무차 등.

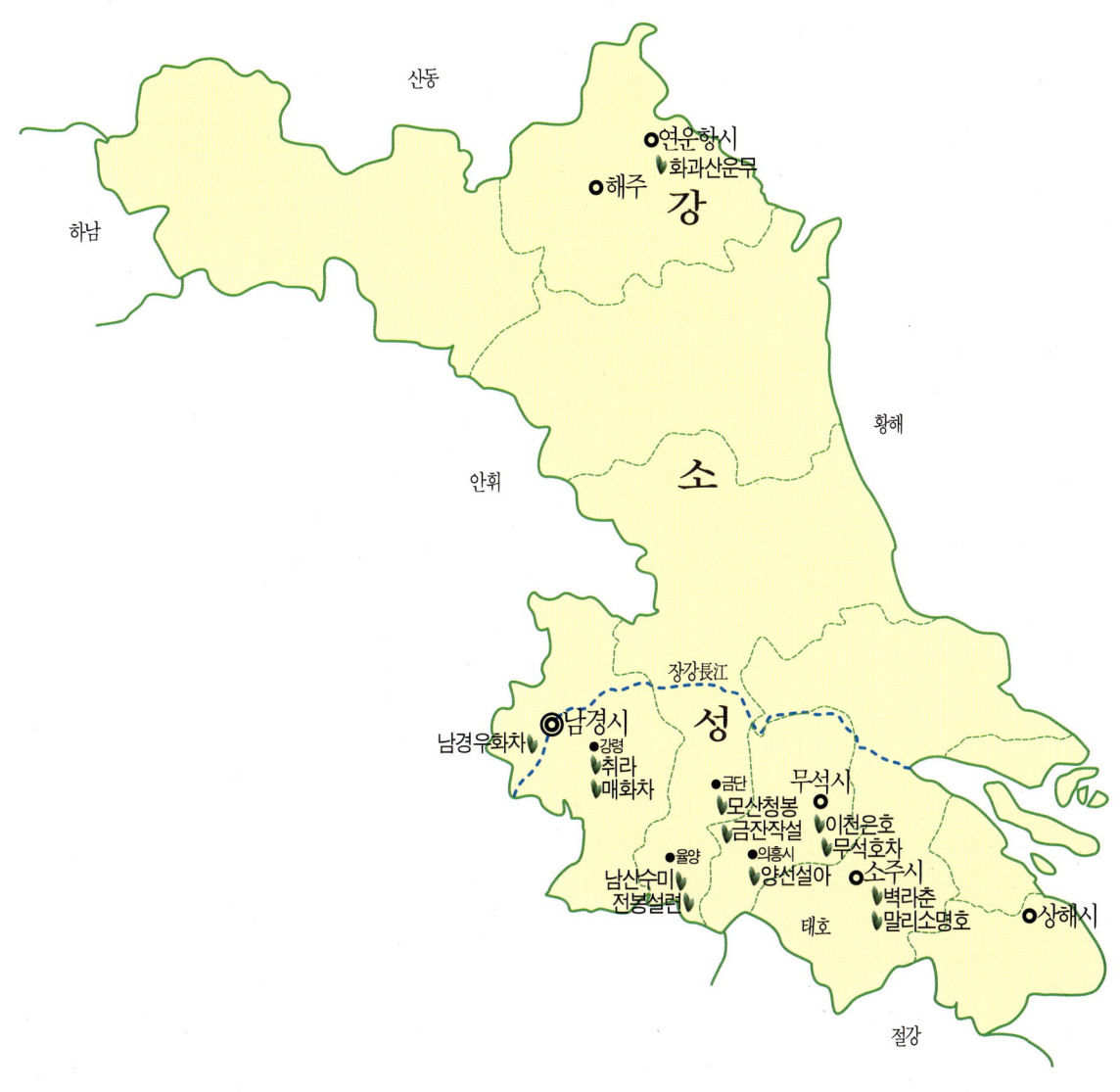

절강성

중국 중남부에 위치한 절강성은 동쪽은 해안과 접하고 있으며 산지와 언덕이 70퍼센트를 차지하고 서남은 높고 동북이 낮은 지형이다.

아열대에 속해 날씨가 따뜻하고 사계절이 분명하다. 1년 평균 기온은 17.2도이며 연 강우량은 1~2천 밀리미터 정도이고, 습도는 76퍼센트이다. 우리나라와는 달리 한여름에는 비를 거의 볼 수 없는 반면 가을과 겨울이 우기라 할 만큼 많다.

차 재배에 적합한 조건을 갖고 있는 절강성은 녹차 재배지로 유명하며 녹차 생산량은 전국 제일이다. 항주 서호주변에서 생산되는 서호용정은 중국의 10대 명차 중 으뜸이며, 당나라 때 공차로 진공되었던 고저자순, 데아닌Theanin 함량이 높은 안길백차, 동그란 주형의 평수주차, 약간 꼬부라진 임해반호, 침형의 천도옥엽·경산차·개화용정·망부은호·금장혜명 등 유명한 녹차가 많이 생산된다. 이외에 황차와 홍차도 생산된다.

- **면적** : 10만 제곱킬로미터　　●**인구** : 약 4677만 명　　●**성도** : 항주杭州
- **주요 생산 차** : **녹차**— 의흥의 양선설아·형계운편, 남경의 우화차, 무석의 이천은호·무석호차, 항주의 서호용정·연심·작설·막간황아, 천태의 화정운무, 승현의 전강휘백·평수주차, 난계의 모봉, 건덕의 포차, 장흥의 고저자순, 경령의 혜명차, 악청의 안탕모봉, 천목산의 천목청정, 보타의 불차, 순안의 대방·천도옥엽·구갱모첨, 상산의 주산차, 동양의 동백춘아·태백정아, 동려의 천존공아, 여요의 폭포차·선명, 소흥의 일주설아, 안길의 백편, 금화의 쌍용은침·무주거암·취봉, 개화의 용정, 임해의 운봉·반호, 여항의 경산차, 수창의 은후, 강산의 녹목단, 선거의 벽록, 태순의 항고료백호, 부양의 암정, 포강의 춘호, 영해의 망부은호, 제기의 서시은아 등.
  황차— 온주황탕·막간황아·평양황탕
  홍차— 항주의 구곡홍매

3장_중국차의 분류

복건성

남동부 대만해협을 사이에 두고 대만과 마주한 곳에 위치한다. 대부분 지형이 산지와 언덕이다. 전형적인 계절풍 기후이고 연평균 기온은 20도이다. 강수량은 1천200~2천 밀리미터이다.

청차와 백차의 원산지이며 대만차의 원류이기도 한 복건성은 송나라의 단차 제조지로서도 유명하며 현재는 청차로 유명하다.

산과 계곡이 험한 지리적인 조건 때문에 당나라 때에는 주목을 받지 못하였으나 오나라와 송나라 때에는 한냉기와 전쟁을 피해 남쪽으로 이동한 대규모의 사람들 때문에 북쪽보다 인구가 더 많아졌다. 인구의 증가는 농업과 상업의 발달로 이어졌고 차와 같은 특용작물의 재배에 노력을 기울였다. 송나라 때에 황실에 진공하였던 어용차밭이 무이산 건안지방에 지정되었고, 다양한 용봉단차가 만들어졌으나 지금은 발효차인 백차와 청차가 맥을 잇고 있다.

●**면적** : 12만 3천 제곱킬로미터   ●**인구** : 약 3471만 명   ●**성도** : 복주福州
●**주요 생산 차** : **녹차**― 남안의 석정록, 용암의 사배차, 복정의 연심차 등. **백차**― 복정의 백호은침, 복안의 설아 등. **청차**― 숭안 무이산의 무이수선·대홍포·육계, 안계의 철관음·황금계·색종 등과 건구의 용수차, 영춘의 불수 등. **홍차**― 복정의 백림공부, 복안의 탄양공부, 숭안의 정산소종 등. **화차**― 복주의 말리화차·말리은호·말리춘풍·말리작설호 등.

강서성

중남부 장강 남쪽에 위치하며 면적은 사계절이 분명하고 온난다습하다. 연평균 기온은 섭씨 17~20도이고, 강수량은 1천200~1천700밀리미터이며 분지라 일교차가 크다. 안휘성과 절강성의 경계를 이루는 북동쪽의 언덕지대에서 차가 많이 생산된다.

차와 더불어 절강성에는 경덕진요의 백자가 특히 유명한데, 이는 차와 도자기가 불가분의 관계임을 잘 설명해 주는 것으로 차가 많이 생산되고 있는 안휘성과 절강성의 수요를 충족시키기 위한 결과라 볼 수 있다.

●**면적** : 16만 6천 제곱킬로미터   ●**인구** : 약 4140만 명   ●**성도** : 남창南昌
●**주요 생산 차** : **녹차**— 여산의 여산운무, 수천의 구고뇌차, 무원의 명미 · 대장산운무차 · 산후향차 · 영암검봉 · 이원차 · 천사기봉, 정강산의 정강취록, 상요의 선태대백 · 백미, 남성의 마고차, 수수의 쌍정록 · 미봉운무 · 봉황설차, 임천의 죽엽청, 영도의 소포암차 · 취미금정차 · 태고백호, 안원의 화무차, 흥국의 균복운무차, 남창의 양도은침 · 백호은침 · 전령은호, 길안의 용무차, 상유의 매령모첨, 영신의 애무차, 연산의 고감향명, 수천의 우융차, 성록, 정남의 천화차, 풍성의 나봉차 · 주철타차, 고안의 서주황벽차, 영수의 찬림차, 금계의 운림차, 안원의 구룡차, 의풍의 황벽차, 태화의 촉구차, 남강의 와갱차, 석성의 통천암차, 길수의 황사차, 옥산의 삼청운무 등. **홍차**— 수수의 영홍

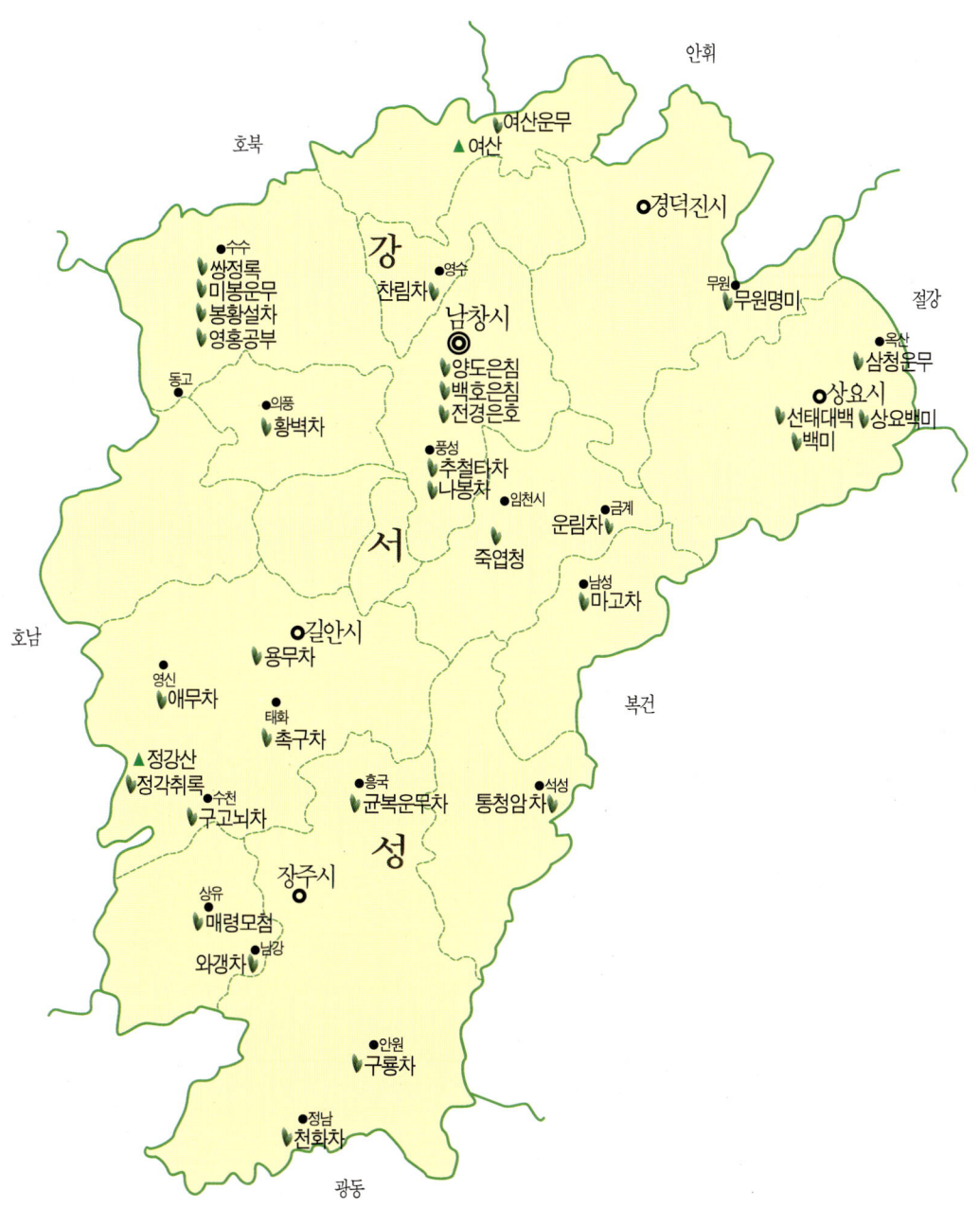

호남성

남동부에 위치하며 동·서·남쪽의 삼면이 산이고 중앙의 동정호洞庭湖를 비롯한 하천유역에 평야가 있다. 그 외에는 500미터 이하의 언덕이 많다. 기온은 온난다습하고 연평균 강수량이 1천 400~2천 밀리미터이다. 묘족苗族·신족愼族·요족瑤族·회족回族 등의 소수민족이 살고 있다.

군산은침은 동정호 군산섬에서 생산되는 황차로서 황실에 진공되었던 유명한 차이다. 호남성은 고교은봉, 안화송침, 고장모첨 등의 유명한 녹차가 생산되는 지역이기도 하지만 흑차 긴압차의 주산지이기도 하다.

●**면적** : 21만 제곱킬로미터　●**인구** : 약 6440만 명　●**성도** : 장사長沙
●**주요 생산 차** : **녹차**— 장사의 고교은봉·상파록·하서원차·동호은호·악록모첨, 침현의 오개산미차·침주벽운, 강화의 모첨, 계동의 영롱차, 의장의 기전은호, 영흥의 황죽백호, 고장의 모첨, 대영의 모첨·청암명취·용하차, 원릉의 갈탄차·관장모첨, 악양의 동정춘·군산모첨, 석문의 우저차, 임상의 백석모첨, 안화의 안화송침, 형산의 남악운무차·악북대백, 소산의 소봉, 도강의 설봉모첨, 보정의 보정람침, 자리의 증산은호, 영릉의 봉경용제순차, 화용의 종남모청 등. **황차**— 영향 위산모첨, 군산은침, 악양 북항모첨. **흑차**— 흑전, 화전, 복전, 상첨, 천첨, 천량차.

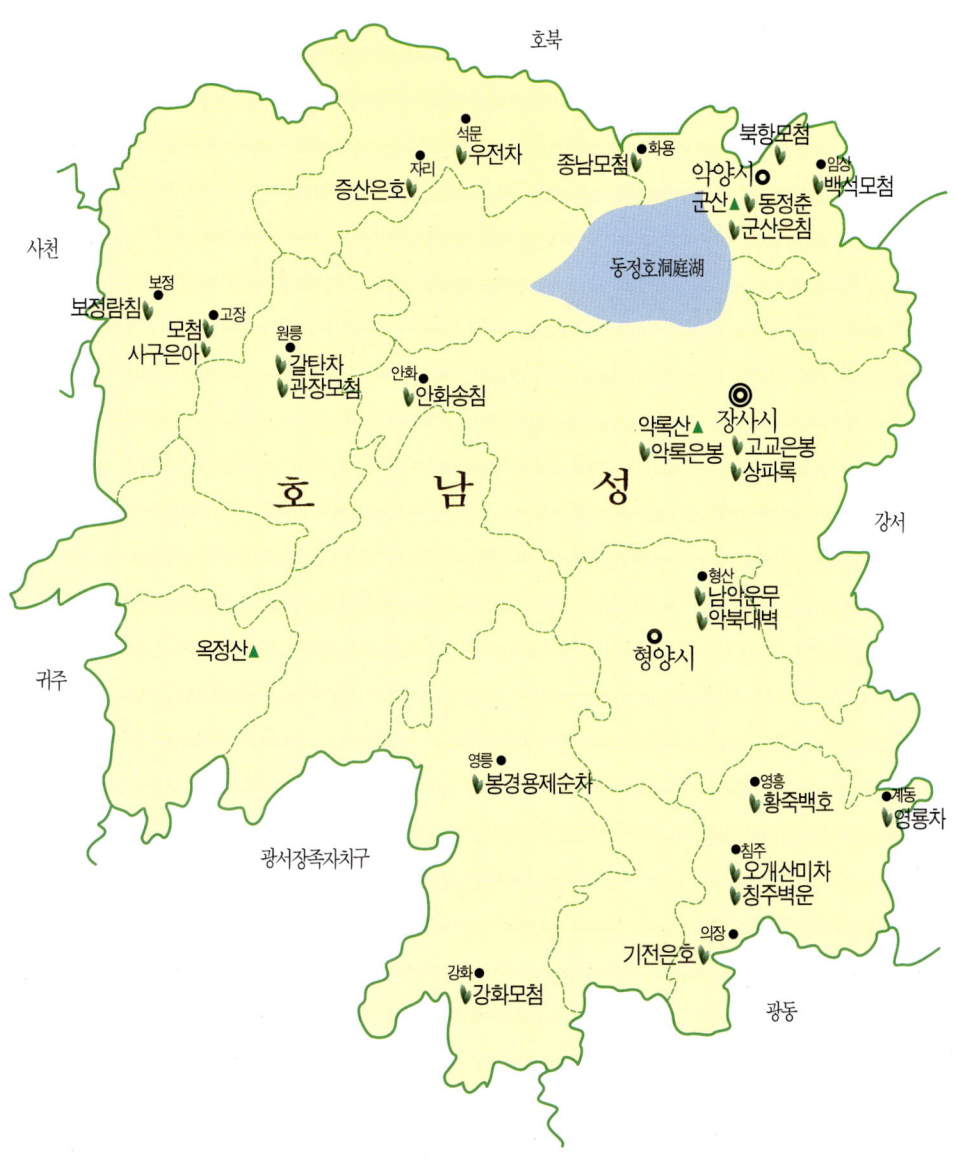

광동성

중국 남부에 위치하며 중국 남해와 근접하여 육지와 바다를 잇는 교통의 중심지로 앞으로는 광활한 바다가 펼쳐지고, 뒤로는 웅장한 남령산맥南嶺山脈이 있다. 광동성은 북부는 높고 남부는 낮은 지형을 이루고 있으며, 산지가 70퍼센트, 평야가 30퍼센트로 낮은 산과 언덕이 많다.

평균기온은 섭씨 22도이며 아열대 기후에 속하며, 여름철에 집중호우가 많다. 연강수량은 1천500~1천600밀리미터를 넘는다. 온난다우한 기후로 2~3기작의 쌀 농사를 짓는데, 단위면적당 수확량이 중국에서 1위이다.

광동성은 인구가 많고 물자가 풍부하여 진·한시대부터 대외무역과 문화교류활동이 시작되었으며 오랜 역사를 가진 화교의 고향으로 관광사업이 발전했다.

복건성과 경계를 이루는 남동부에서는 주로 청차가 생산된다. 광동성의 봉황수선은 잎이 비교적 크고 편평하고 끝이 뾰족해서 마치 새의 부리와 같다고 해서 '조취차烏嘴茶'라고 한다. 특히 입동과 소설小雪 사이에 딴 차를 '설편雪片'이라고 한다.

베트남

●면적 : 18만 제곱킬로미터 ●인구 : 약 8642만 명 ●성도 : 광주廣州
●주요 생산 차 : 녹차— 고학의 고로차, 신의의 합라차 등. 청차— 오룡차에는 조주의 봉황단총·봉황오룡·봉황수선, 영두단총, 석고평오룡·대엽기란 등. 홍차— 영덕홍차·여지홍차·매괴홍차 등.

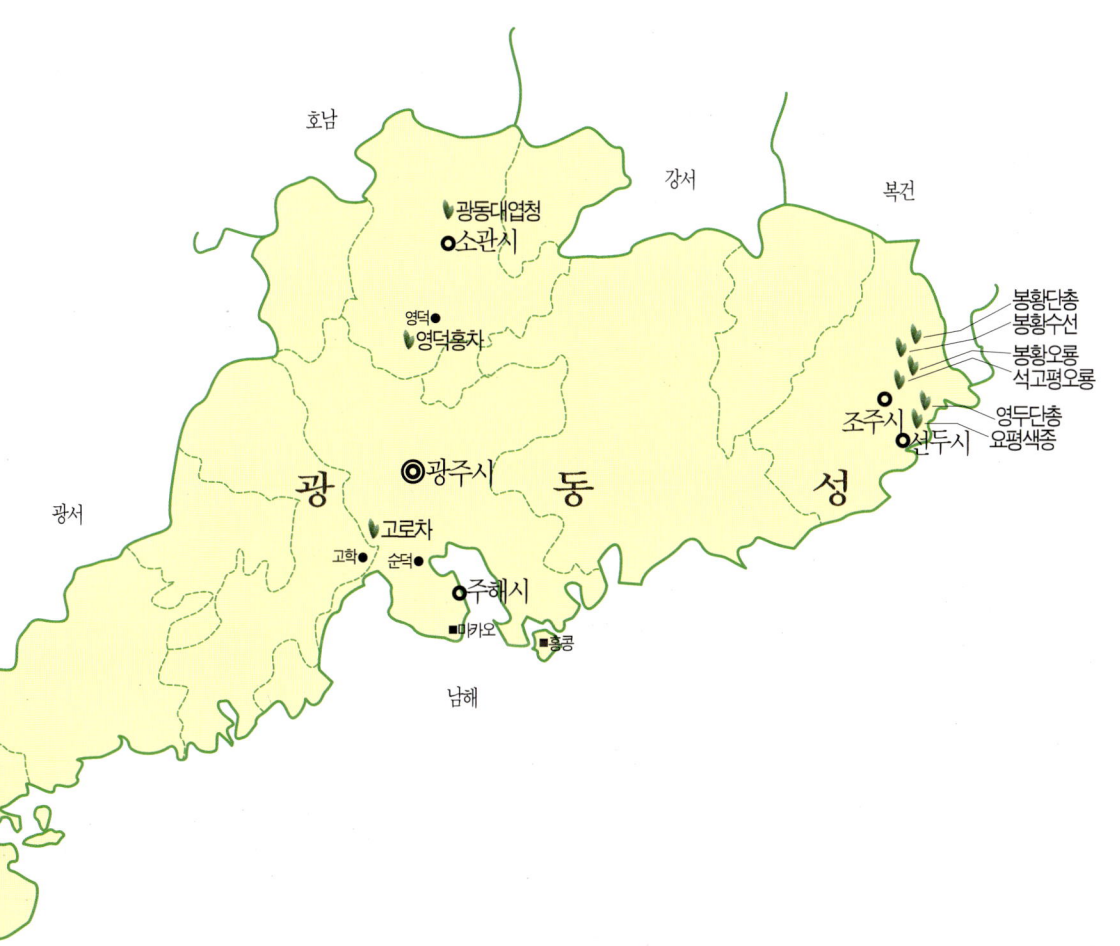

하남성

화북지구에 있으며 황회평원黃淮平原의 서남부에 자리잡고 있고 주로 산지이며 동부는 평원이다.

하남성은 안휘·산동·하북·산서·섬서·호북성과 인접되어 있고, 온대와 아열대지역에 위치하여 날씨가 따뜻하다. 연평균기온은 섭씨 13~15도로 사계절이 뚜렷하고 강수량은 연평균 700밀리미터로 충분하다.

한족이 전체인구의 98.6퍼센트이며 50여 소수민족이 함께 거주하고 있고, 황하문명의 중요한 발원지로 역사상 20여 개의 고대도시가 이곳에 건설되었다. 9개의 왕조가 도읍을 정했던 낙양洛陽, 중국의 7대 고도古都 중 안양安陽·개봉開封·상구商丘·남양南陽의 5개 도시는 국가에서 역사문화도시로 지정하였다.

신양시의 신양모첨은 높이가 800미터 이상되는 험준한 산과 계곡 사이에서 나는 명차이다. 1915년 파나마국제박람회에서 수상하였고 1959년에는 중국 10대 명차가 되었다.

- **면적** : 167만 제곱킬로미터   ●**인구** : 약 9256만 명   ●**성도** : 정주鄭州
- **주요 생산 차** : 녹차― 신양의 신양모첨, 고시의 앙천설록, 동백의 태백은호 등.

호북성

역사가 오랜 성으로 중화민족과 중국 고대문화의 발원지 중의 하나이다. 장강 중류지역으로 서쪽에 무당산武當山 등 1천 미터 급의 산이 있는 등 지형이 높으며, 장강이 무산巫山을 가로지르는 곳에 삼협三陝이라는 협곡이 있다. 중앙에는 호광湖廣·강한江漢 평야로 불리는 큰 평원이 있고 동부에도 평원이 많다.

호북성에서는 주로 녹차가 많이 생산되고 있으며 증청녹차인 은시옥로가 유명하며, 흑차 긴압차의 생산량도 많다. 그리고 의창 홍차는 광동상인 조대복釣大福이 홍차 제차기술을 전파한 이후로 영국과 미국에 수출되어 크게 발전되었다.

●면적 : 18만 7천 제곱킬로미터 ●인구 : 약 6744만 명 ●성도 : 무한武漢
●주요 생산 차 : 녹차— 은시의 옥로, 의창의 등촌녹차·협주벽봉·금강은침, 수주의 차운산모첨·기반산모첨·운무모첨, 당양의 선인장차, 원안의 녹원차 대오의 쌍교모첨, 홍안의 천태취봉, 죽계의 모봉, 의도의 웅동운무, 학봉의 용미차, 무창의 용천차·검호, 함녕의 검춘차·연태용정·백운은호·취예, 보강의 구황운무, 포은의 송봉차, 융중의 융중차, 영산의 장충차, 마성의 귀산암록, 송자의 벽간차, 흥산의 고강모첨, 보강의 은아 등. **흑차**— 노청차, 조청전. **홍차**— 의창 홍차

3장_중국차의 분류 111

섬서성

중국 중서부에 위치한 황하 중류지역이다. 북부 섬북고원의 연 강수량은 1천 밀리미터이다. 1월 평균 기온은 섭씨 6~10도, 7월 평균 기온은 22~28도이다.

이 지역은 실크로드의 출발지로 서역문물의 영향을 많이 받았다.

●면적 : 19만 제곱킬로미터   ●인구 : 약 3605만 명   ●성도 : 서안西安
●주요 생산 차 : 녹차— 서향의 오자선호, 남정의 한수은사, 진파의 진파무호, 자양의 자양모첨·자양취봉, 평리의 팔선운무 등.

사천성

남서부 양자강 상류지역에 위치하며 한족 외에 이족·장족·묘족·회족·강족 등이 살고 있으며, 동쪽의 사천분지四川盆地와 서부고원으로 나뉜다. 연평균 강수량은 1천 밀리미터 내외이고 안개가 잦다.

예로부터 차의 원산지인 파촉지방으로 대엽종의 고차수가 많다. 몽정산의 몽정차는 역사적인 명차로 유명하며, 아미산의 죽엽청, 아미모봉, 성도의 청성설아, 공래의 문군녹차 등이 있다.

티베트나 서역 등 변방지역과의 차마무역에서 말과 교환하였던 차의 생산지로도 유명하다. 따라서 보관과 운반이 편리한 긴압차가 생겨났고, 무더운 날씨로 인하여 운반도중 후발효가 일어나 흑차가 생겨나게 되었다.

●**면적** : 48만 8천 제곱킬로미터   ●**인구** : 약 8329만 명   ●**성도** : 성도成都
●**주요 생산 차** : **녹차**— 명산의 몽정차·몽산감로·몽산춘로·만춘은엽·옥엽장춘, 아안의 아미모봉·금첨차·우성은아·우성운무·우성로아, 관현의 청성설아, 영천의 수아, 공래의 문군녹차, 아미산의 아심·죽엽청, 뇌파의 황탕모첨, 달현의 삼청벽란, 악산의 말약향명, 중경의 파산은아·진운모봉·대족송명 등.
홍차— 의빈의 조백첨·공부홍차, 남천의 대엽홍쇄차.   **흑차**— 강전, 금첨, 방포차, 원포차, 중경의 타차.

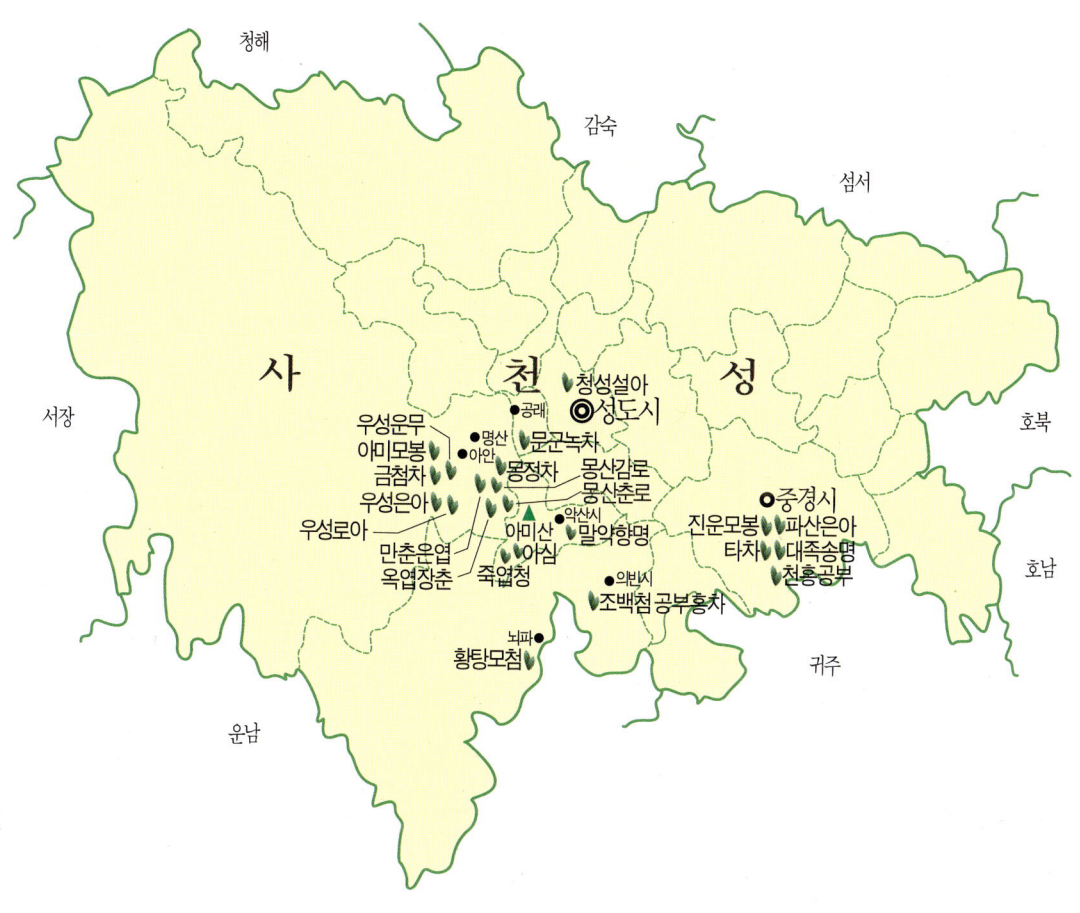

운남성

중국 서남쪽에 위치하며 동쪽으로 귀주성과 광서 장족자치주, 북쪽으로 사천성과 티베트로, 서쪽으로는 미얀마, 남쪽으로는 베트남, 라오스와 국경을 마주할 정도로 면적이 넓다. 중국을 형성하는 56개 민족 중 52개 민족이 거주하는데 소수민족이 33.2퍼센트를 차지한다.

위도상으로 아열대에서 온대기후에 속하지만 지형에 따라 독특하며 연간 기온의 변화는 적고 일교차는 큰 편이다.

중국에서 가장 넓은 면적의 차밭을 갖고 있으며 차 생산도 복건성·절강성 다음으로 많다. 단췌檀萃는 『전해우형지滇海虞衡志』에 1799년 차의 생산을 설명하면서 특히 보이차에 대해서 "보이차는 세상에 널리 알려졌고 구매력도 높은 차가 되었다"라고 썼다.

생산지는 보이부 사모청 소속 6대 차산지인 ①유락차산攸樂茶山 ②혁등차산革登茶山 ③의방차산倚邦茶山 ④망지차산莽枝茶山 ⑤만전차산蠻磚茶山 ⑥만살차산熳撒茶山이다. 이곳에서 차를 만드는 사람들은 10만 명에 달하고 생산된 차는 상인들이 구입해서 소비지에서 판매된다. 우리가 알고 있는 '보이차'는 운남성에서 생산되는 흑차의 일종으로 보이 지방은 차가 생산되는 곳이 아니라 남쪽 맹해나 사모에서부터 운반되어 온 차의 집산지이다.

●면적 : 39만 4천 제곱킬로미터　●인구 : 약 3990만 명　●성도 : 곤명昆明
●주요 생산 차 : 녹차— 맹해의 남정백호·운해백호·죽통향차, 의량의 보홍차, 대리의 창산설록, 묵강의 운침, 녹춘의 마옥차, 모정의 화불차, 대관의 취화차 등. 홍차— 봉경, 맹해의 전홍공부홍차·운남홍쇄차 등. 흑차— 서쌍판납, 사모의 보이차. 긴압차에는 하관의 운남타차, 고타차, 전차, 칠자병차.

귀주성

중국 남서부 운귀고원雲貴高原에 있는 성으로 한족이 60퍼센트, 묘족苗族이 180만 명, 포의족布依族이 120만 명이며 그 외에 회족回族·이족彝族·수족水族 등의 소수민족이 살고 있다. 북위 25~29도에 걸친 아열대지방이다. 산맥 등이 찬 기류를 막아주기 때문에 겨울에 따뜻하며 연평균 강수량은 1천~1천500밀리미터이다.

도균모첨이 생산되는 도균은 동식물자원이 풍부하여 희귀동식물 18종이 보호받고 있다.

●**면적** : 17만 4천 제곱킬로미터　●**인구** : 약 3525만 명　●**성도** : 귀양貴陽
●**주요 생산 차** : **녹차**— 귀정의 귀정운무, 도균의 도균모첨, 미담의 미강취편, 준의의 준의모봉, 대방의 해마궁차, 귀양의 양애모봉, 평파의 운침녹차 등.

광서 장족자치구

남부에 위치하며 주민의 60퍼센트는 한족이며 장족이 인구의 3분의 1이고, 요족·묘족·동족侗族 등이 산다. 북서부는 운귀고원에 속하고 대부분의 지역은 낮은 언덕이다. 연평균 온도는 20도로 고온다습하며 연평균 강수량은 1천250~1천750밀리미터이다.

●면적 : 23만 6천 제곱킬로미터   ●인구 : 약 4489만 명
●주요 생산 차 : **녹차**─ 계평의 서산차, 횡현의 남산백모차, 능운의 능운백호, 하현의 개산백호, 소평의 상기운무, 계림의 모첨, 귀항의 담당모첨 등. **흑차**─ 육보차. **홍차**─ 광서 홍쇄차. **화차**─ 계복의 계화차.

산동성

화북지방에 위치하며 지형적으로 서쪽평원구, 중앙산지, 반도부의 언덕지대로 나뉘며 해양성 기후이다.

- **면적** : 15만 3천 제곱킬로미터 **인구** : 약 9089만 명 **성도** : 제남濟南
- **주요 생산 차** : 녹차— 일조의 설청·빙록 등.

해남성

중국 대륙 남단의 해안에 위치하고 있으며 광동성에서 독립한 경제특구이다. 해구海口가 행정중심지이다. 연평균 강수량은 1천 500~2천 밀리미터이고 7~8월에는 섭씨 20~29도, 1~2월에는 16~21도이다.

● 면적 : 3만 4천 제곱킬로미터 ● 인구 : 약 787만 명
● 주요 생산 차 : 홍차— 남해, 통십, 영두 등지의 해남홍차.

대만

1949년 이후 독립국가가 되었다.

대만의 청차가 오룡차의 대명사가 되었을 정도로 차산업을 발전시킨 국가이다. 차의 발효도가 낮아지는 추세로 녹차를 즐겨 마시는 사람들이 대만오룡을 선호하고 있다.

- **면적** : 3만 6천 제곱킬로미터 　●**인구** : 약 2256만 명 　●**수도** : 타이베이(臺北)
- **주요 생산 차** : **청차** — 남투의 동정오룡, 대북, 화련의 포종차, 문산포종, 목책 철관음, 동정오룡, 백호오룡 등.

제차방법에 따른 분류

 일반적으로 차는 제차기술과 품질의 특성에 의해서 분류하며 차의 품질에 영향을 주는 가장 직접적이고 중요한 요인은 제차기술의 정확성이다. 이와 같은 과정을 통해 얻어진 차의 분류체계는 크게 기본차류와 재가공차류로 구분된다.

기본차류

 전통적인 제차방법에 의해 만들어진 차로, 가공과정 중 폴리페놀의 산화정도(발효정도)에 따라 여섯 가지로 나눈다.
 찻잎을 원료로 제차공정에 따라 다양한 종류의 차가 만들어진다. 찻잎을 딸 때에는 약하게 맑은 풀 내음이 나지만 어느 정도 수분을 잃고 공기 중의 산소와 찻잎의 성분이 화학변화를 일으키고 나면 향과 맛에 점점 변화가 일어나게 된다. 이 과정을 '산화발효'라고 한다. 발효(fermentation)란 엄밀히 말해 미생물에 의한 변화를 의미하나 찻잎 속에는 미생물이 아닌 폴리페놀 옥시다아제(Polyphenol-oxidase)라는 효소에 의해 발효가 일어난다. 제차과정 중 폴리페놀의 산화정도의 경중에 따라 다양한 차가 만들어진다. 제차과정과 발효정도, 색상 등의 특성으로 백차·녹차·황차·청차·흑차·홍차의 여섯 가지로 분류하고 있다.

시대별로는 당나라 때에는 증청녹차, 송나라 때에는 증청단차와 산차, 명나라 때에는 증청과 초청녹차·백차·황차·흑차·홍차 그리고 청나라 때에 청차가 등장하여 오늘날의 6대 차류가 완성되었다.

재가공차류

기본차류를 다시 한번 가공해 본래의 특징에 변화를 준 차를 말한다. 차의 원액을 추출하여 음료로 만든 추출차, 과일향이나 즙을 넣어 만든 과미차, 우리 몸에 이로운 약초를 함께 넣어 만든 약용보건차, 흑모차나 쇄청녹차 등을 증기로 쪄서 긴압하여 모양을 만든 긴압차, 찻잎에 꽃향기를 배게하여 만드는 화차가 있다.

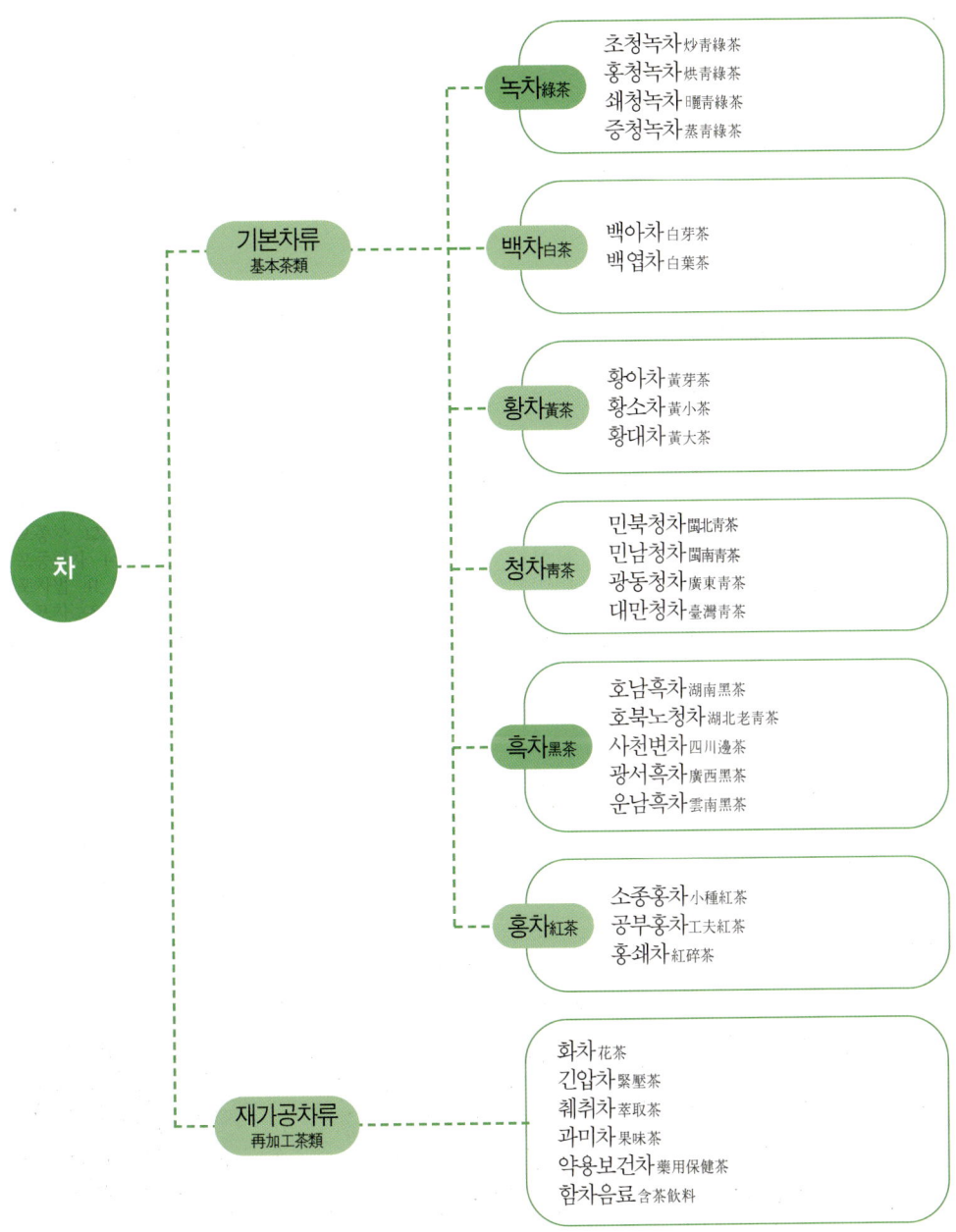

3장_중국차의 분류 129

제차용어 製茶

위조萎凋 — 찻잎에서 서서히 수분을 증발하게 하는 과정이다. 일광위조와 실내 자연위조의 방법이 있다. 위조과정을 거치면 잎의 질감이 부드러워지고 차향이 생긴다.

주청做青 — 차를 일정시간이 경과한 뒤 뒤섞어 주면서 찻잎과 찻잎이 부딪혀서 향기가 나고 발효가 일어나도록 하는 과정이다. 교반과 요청이 이에 속한다.

살청殺青 — 채취된 신선한 찻잎과 싹을 고온에서 가열해 찻잎 중의 효소를 억제시켜서 발효가 일어나지 않도록 성분의 산화를 막고, 녹색을 그대로 유지시키고 적당히 수분을 제거하여 유념을 보다 쉽게 하기 위한 과정이다.

유념揉捻 — 반복적인 비비기를 통해 찻잎 표면의 수분과 내부 수분의 함량을 균일하게 제거함과 동시에 찻잎 세포조직을 적당히 파괴해 잘 우러나도록 적합한 찻잎 상태를 만드는 과정이다.

민황悶黃 — 습기가 남아 있는 찻잎을 균의 힘으로 천천히 발효시키는 과정이다.

건조乾燥 — 찻잎의 수분을 없애는 과정으로 현대에는 전기를 이용한 기계 건조를 많이 한다.

녹차

당나라 때 유우석劉禹錫의 〈서산난약시다가西山蘭若試茶歌〉에 "잠깐 덖어 방 안 가득 차 향기로 채우노라"라는 내용에는 초청녹차의 언급이 있으나 그 외에 뒷받침할 만한 자료를 발견할 수가 없다. 그 후에 초청의 제차방법은 12세기 말 원나라 왕정王楨의 『농서農書』에 등장한다.

고원경의 『다보茶譜』, 허차서의 『다소茶疏』에는 초청녹차의 제차방법을 자세히 설명하고 있다.

녹차綠茶는 찻잎을 따서 증기로 찌거나 솥에 덖어 발효되지 않도록 만든 불발효차로 녹황색의 탕색과 신선하고 풋풋한 향을 느낄 수 있다. 녹차 제차방법은 찻잎을 따서 고온에서 살청한 후, 유념을 하여 말려준다. 녹차의 제차과정을 기본으로 살청방법, 건조방법, 모양에 따라 분류할 수 있다.

살청방법에 따라 덖음살청은 채취한 찻잎을 고온의 솥에서 덖어 산화효소(폴리페놀 옥시다제)의 효소활성을 억제시켜 녹색을 유지하며 구수한 향과 맛이 담백한 것이 특징이다.

증기살청은 찻잎을 100도의 뜨거운 수증기로 30~40초 정도 찌면 찻잎 중의 산화효소가 파괴되어 녹색이 유지되며 부드러워지고 차의 맛이 담백하여 신선하고 녹색이 강하다.

건조방법에 따라 처음부터 끝까지 솥에서 덖어 건조시킨 녹차를 초청, 건조기를 쓰거나 방에 불을 때어 건조시킨 것을 홍청, 햇볕에 널어서 건조시키는 방법을 쇄청이라 한다.

초청녹차는 중국의 녹차 제차법 중 가장 기본적인 제조법으로 정착되었다. 신선한 찻잎을 살청·유념·건조를 거쳐 처음부터 끝까지 솥에서 완성시켜 만든 차이다. 완성된 차의 외형에 따라 장초청·원초청·세눈초청으로 분류된다.

장초청은 외형은 길고 가늘며 중국이 수출하는 녹차 중 주요 제품이다. 1차 가공을 거친 장초청 녹차를 다시 정제 가공과정을 거쳐 만들어진 차를 통틀어 미차眉茶라고 한다. 특진·진미·우차·공희·수미가 여기에 해당한다.

원초청의 대표적인 차는 주차珠茶이다. 주차의 외형은 과립형태로 작고 둥글게 말아져 있으며 진주와 모양이 비슷해서 지어진 이름이다. 높은 향기와 진한 맛이 잘 어우러져 여러 번 우려 마실 수 있다.

세눈초청은 어리고 연한 차싹을 채취하여 덖음과정을 거쳐 만들어진 녹차를 말한다. 제한된 원료와 독특한 방법으로 만들어졌기에 유명한 녹차가 많다. 서호용정·동정벽라춘·남경우화·아미죽엽청 등이 속한다.

홍청녹차는 신선한 찻잎을 살청과 유념을 거친 후 최종적으로 건조하여 만든 차다. 외형상 덖음인 초청녹차처럼 윤기가 있거나 단단하지는 않지만 줄기가 튼실하고 우린 잎의 형태가 온전하며 하얀 솜털이 드러나 있고 색깔이 푸르다. 찻물은 향기가 상큼하고 그 맛이 깔끔하다. 어린 싹으로 만든 세눈홍청과 잎으로 만든 보통홍청 두 가지로 나눌 수 있다.

세눈홍청은 가늘고 여린 싹과 잎만을 선별해서 정교하게 만든

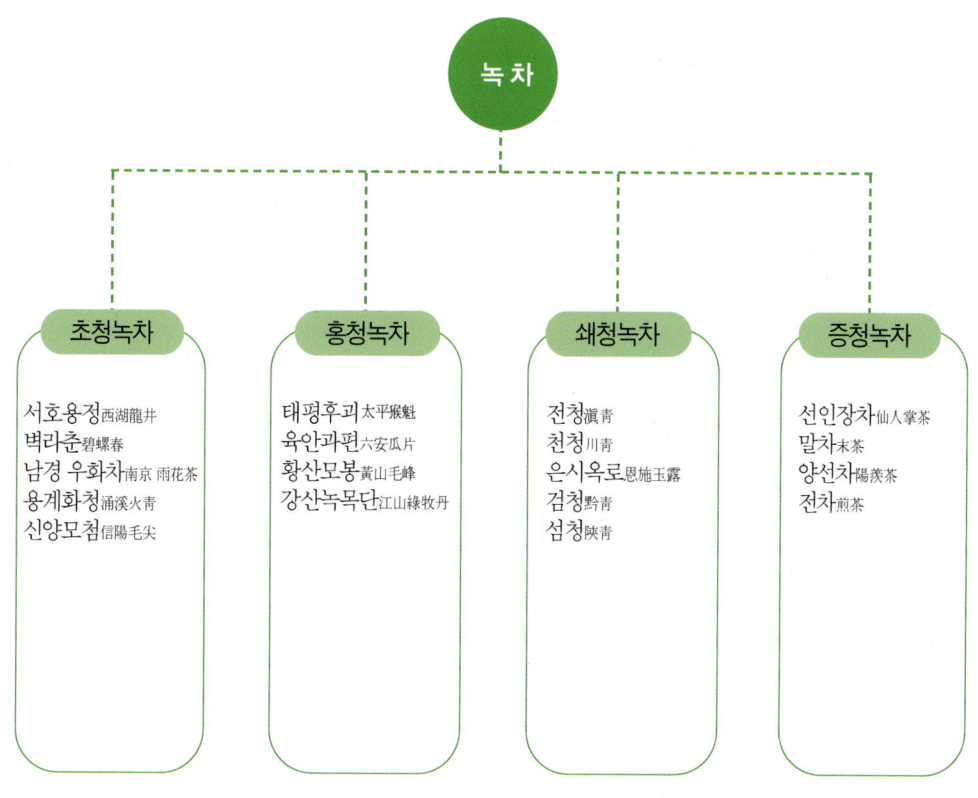

초청녹차와 홍청녹차의 차이점			
구분	외형	윤기	부피
초청녹차	단단하다	윤기가 난다	작다
홍청녹차	푸석하다	윤기가 없다	크다

●녹차의 제차과정

채취-신선한 찻잎을 딴다.

탄방-채취한 찻잎은 실내에서 바로 펼쳐 널어 습기를 없앤다.

살청-120도 전후로 달구어진 솥에 찻잎을 넣고 덖는다.

유념-망창에 하나씩 손으로 꼬아 올려놓고 망창을 덮어 롤러로 밀어 차를 편평형으로 만든다.

건조-따뜻한 잿불이 있는 홍건기에 넣어 건조한다.

완성된 차(태평후괴)

것이다. 줄기가 튼실하며 아주 가늘고 구불구불한데 하얀 솜털이 드러나 있으며 푸른 색깔에 향기가 높고 맛은 깔끔하다. 싹과 잎이 완전하도록 정교하고 세밀하게 제차한 것이다. 황산모봉·태평후괴·육안과편·안길백차 등이 속하다.

보통홍청은 화차의 모차毛茶로 이용된다. 홍청의 특징은 윤기가 없고 푸석하여 냄새나 습기를 잘 흡수하는 성질이 있다. 홍청녹차에 말리화·국화·장미·계화 등 각종 꽃의 향기를 이용하여 홍청화차를 만든다.

쇄청녹차는 신선한 찻잎을 살청과 유념을 거친 후 최종적으로 햇볕에 쬐어 말려서 만든 녹차이다. 찻잎과 탕색은 황갈색을 띠고 맛과 향기가 좋지 않아 긴압차의 원료로 사용된다. 가공하여 만든 긴압차도 모양과 형태에 따라 칠자병차·전차·타차 등이 있으며, 전청·검청·천청 등이 여기에 속한다.

찻잎의 모양에 따라 편평형扁平形과 단아형單芽形 직조형直條形 곡조형曲條形 곡라형曲螺形으로 나눌 수 있다. 편평형은 외형이 납작하고 평평한데 서호용정차나 사천죽엽청이 해당한다.

단아형은 하나의 차싹만 채취하여 만든 것으로 띠 모양인데, 동로 곽수운록이 여기에 해당한다.

직조형은 외형이 잘 말려서 바늘이나 솔잎처럼 곧고 길다. 남경우화차가 여기에 속한다.

곡조형은 외형이 굽고 가는데, 강서 무원명미가 여기에 속한다.

곡라형은 외형이 소라처럼 말려 있는데, 강소 벽라춘이나 절강 임해반호가 여기에 속한다.

원주형圓珠形은 외형이 진주처럼 둥글다. 절강 주차가 여기에 해당한다.

난화형蘭花形은 외형이 난꽃처럼 흩어지는데 안휘의 태평후괴가 여기에 속한다.

찰화형札花形은 외형이 한 송이 꽃 같은 형상으로 안휘의 황산녹목단이 속한다.

백차

백차白茶라는 이름은 송나라 자안子安이 『동계시다록東溪試茶錄』에서 차나무 품종 잎의 색깔이 백색을 띤다고 해서 백엽차라고 불렀다는 데서 유래했다.

오늘날의 백차는 발효정도가 5~15퍼센트 정도로 위조와 건조만으로 제차한 약발효차이다. 솜털이 덮인 차의 어린 싹을 따서 덖거나 비비기를 하지 않고 그대로 건조하여 찻잎이 은색의 광택을 낸다. 싹은 튼실하며 솜털이 있고, 탕색과 향이 매우 맑으며 맛이 산뜻하다. 여름철에 열을 내려주는 작용이 강하여 한약재로도 사용하고 있다.

제차방법은 불에 덖거나 비비기인 유념공정 없이 시들리기(위조)와 건조의 2단계만 거친다. 신선한 찻잎을 따서 넓은 발에 펼쳐놓고 햇빛이 차단된 서늘한 장소에서 자연위조를 한다. 찻잎 속

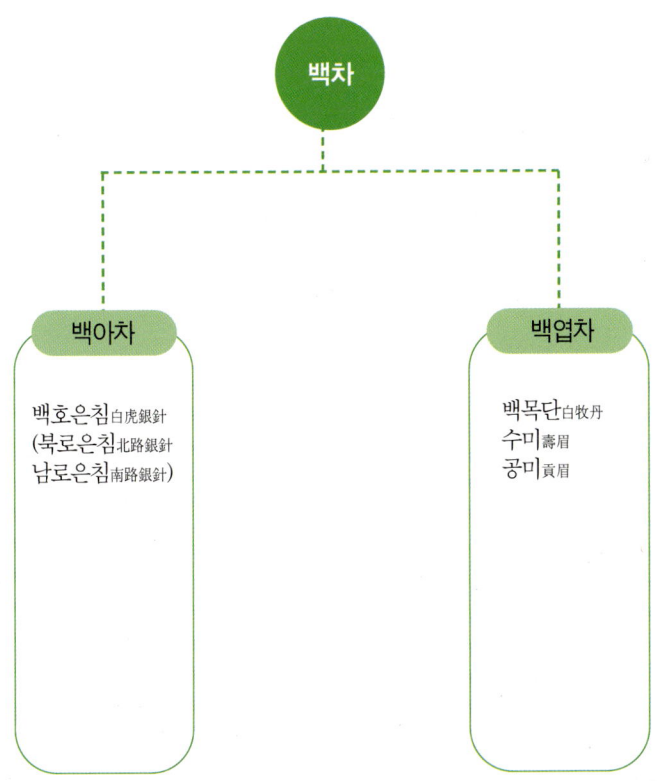

의 수분이 증발되어 차의 수분 함유량이 20~30퍼센트 정도 되면 다시 건조하는데 이때에는 햇볕이나 불에 말린다.

백차의 종류로는 백아차와 백엽차가 있다. 백아차는 복정지역을 중심으로 한 북로은침과 정화지역을 중심으로 한 남로은침으로 나뉜다. 복건 복정의 대백차로 하얀 색깔이 전체 잎을 덮고 있으며 튼실하며 길고 바늘모양, 은백색, 솜털향이 나고 탕색은 황색인 백호은침이 있다.

백엽차는 싹 하나에 잎이 하나이거나 두 개로 차싹 끝은 희고 꼿꼿하다. 잎의 가장자리가 꼬부라져 있으며 잎 뒷면은 흰털이 덮여있고 녹색의 줄기에 붙어있는 모양이 모란과 같은 백목단이 있다.

황차

황차黃茶는 살청 후 15~25퍼센트 미만으로 가볍게 발효가 이루어진 후발효차로 찻잎이 비교적 노란 품종으로 만든다. 기본적으로 녹차제조와 같으나 살청을 전후하여 민황悶黃이라는 과정을 거쳐 만든 차이다.

민황은 찻잎을 쌓아두는 과정에서 생기는 현상이다. 살청이나 유념과정을 거치면 찻잎 자체에 높은 온도가 남아있으므로 엽록소가 파괴되어 찻잎의 색이 황록색으로 변하고 자연스럽게 발효되어 찻잎에 성분변화가 일어난 것을 말한다. 삼황이라 하여 찻잎의 색, 탕색, 우린 잎의 색이 황색을 띤다. 이 과정에서 폴리페

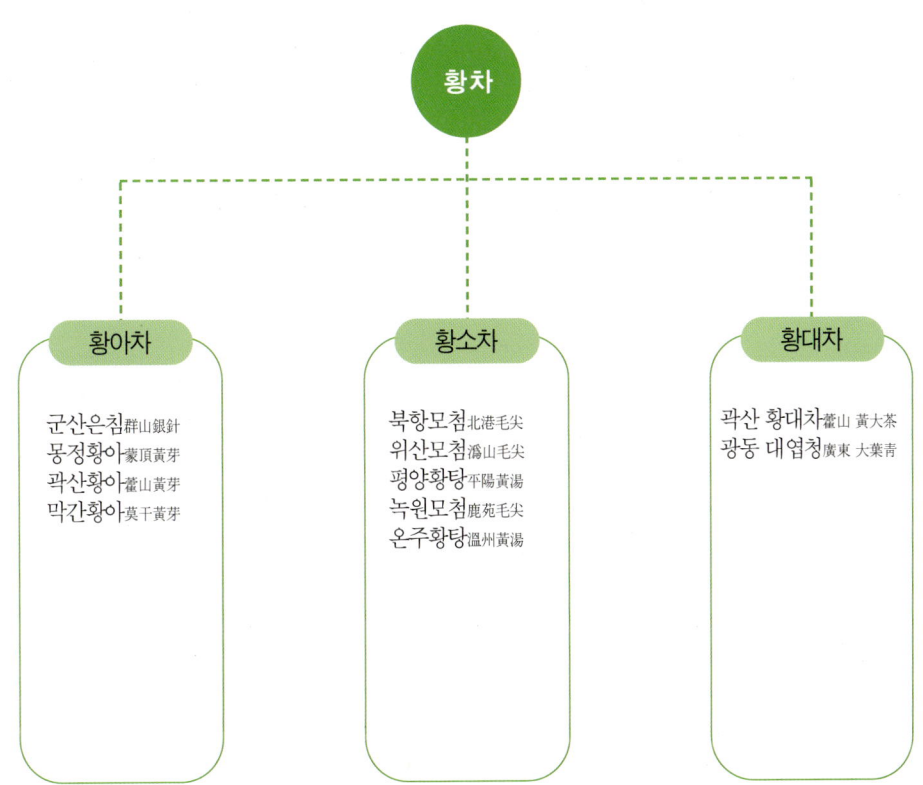

놀의 떫은 맛이 50~60퍼센트 감소되므로 맛이 순하고 부드럽다.

　녹차를 제차하는 과정 중 적절한 때를 파악하지 못하면 황차로 변한다. 예를 들면 초청제차 중 살청온도가 낮거나 증청제차 중 살청시간이 너무 길거나 혹은 찻잎을 쪄낸 다음 제대로 식히지 못한 채 유념하거나, 유념한 후 불에 덖어 건조시키지도 않는 상태에서 장시간 방치할 경우 찻잎이 누렇게 변하게 되면 황차가 된다.

　제차방법은 신선한 찻잎을 고온에서 살청한 후 유념을 하여 오랫동안 쌓아둔 후(민황) 다시 덖어 불에 말린다. 녹차를 만드는 과정에서 잘못 만들어진 하급차로 인식되었으나, 특유의 부드러운 맛과 향기로 인기를 얻게 되었다.

　황차는 싹만을 이용한 황아차, 어린 잎으로 만든 황소차, 좀더 자란 잎으로 만든 황대차로 분류한다.

청차

　복건성 『안계현지安溪縣志』에 따르면 청나라 옹정雍正 3~13년(1725~1735) 사이에 청차青茶를 발명했는데 복건성 북부로 전해졌고 후에 대만으로 전해졌다고 한다. 오룡차는 오룡찻잎으로 만든 청차를 말하지만 세계적으로 유명해져 청차의 대명사로 사용되었다.

　청차는 발효정도가 15~70퍼센트인 반발효차로 녹차와 홍차제차법의 장점을 이용한 것이다. 녹차에서 느낄 수 있는 산뜻한 향

제차과정의 하나인 실외위조 과정(ⓒ박홍관)

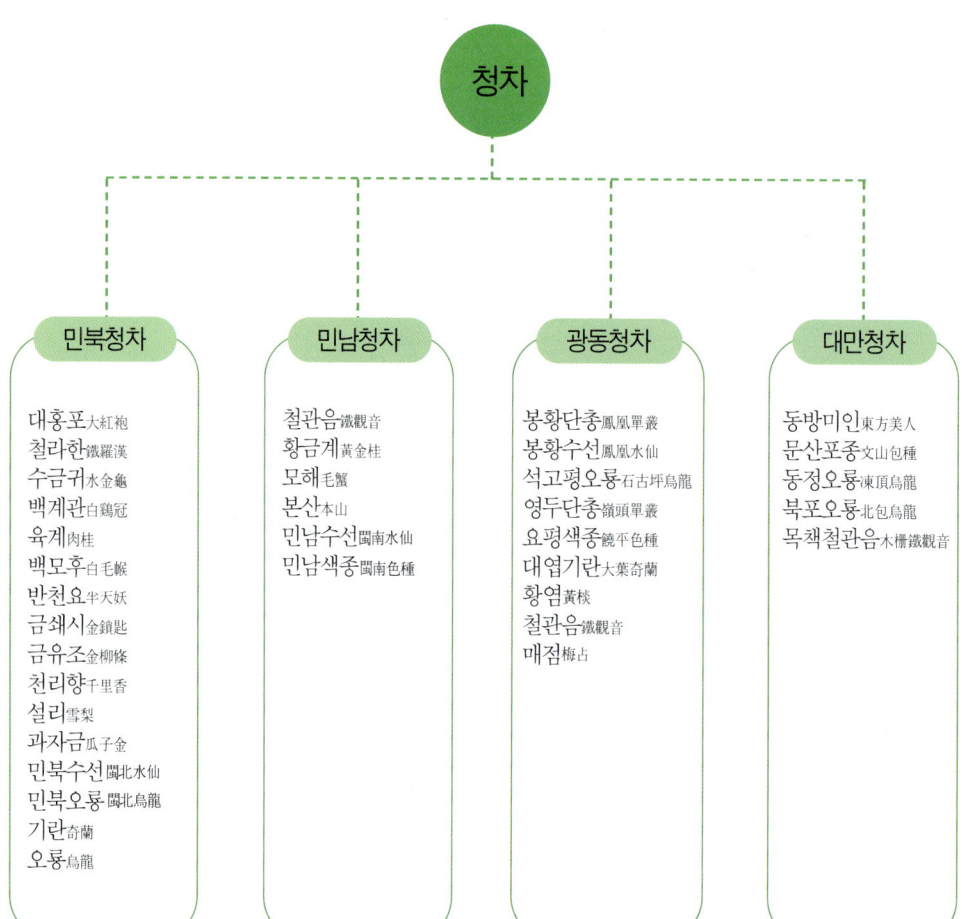

과 홍차의 독특한 맛과 아름다움을 함께 즐길 수 있다. 약하게 발효된 경발효차와 중간발효차, 많이 발효된 중발효차로 나눈다. 청차는 1창 2기나 1창 3기의 다 자란 잎을 따야 발효과정을 통해 독특한 향과 맛을 제대로 낼 수 있다.

청차의 제차방법은 신선한 찻잎을 햇볕에서 시들게 하는 위조과정을 거친다. 위조 후 바람이 잘 통하는 그늘에 놓아둔다. 온도와 습도를 알맞게 조절한 후 대나무바구니에 담아 반복해서 여러 번 흔들어 준다. 이러한 요청을 통해서 찻잎 끼리 부딪쳐 찻잎의 가장자리가 황색이나 붉은색을 띠게 된다. 이렇게 되면 부분발효가 일어나는데 이때 고온의 솥에서 덖어준 후 유념하고 말리면 청차가 완성된다.

생산지역에 따라 복건성 무이산 일대에서 생산되는 민북오룡, 안계일대에서 생산되는 민남오룡, 광동성에서 생산되는 광동오룡, 대만 등에서 생산되는 대만오룡으로 분류된다. 대만의 오룡차는 발효정도가 낮기 때문에 경발효차에 속한다.

흑차

흑차黑茶는 11세기 전후에 사천에서 생산한 녹차를 서북으로 운송할 때 불편한 교통 때문에 차를 압축시켜 덩어리로 만들어 운송하면서 시작되었다. 차의 원산지이고 야생 차나무가 많이 자라고 있는 운남성·호남성·광서성 등에서 생산되며 대엽종으로 잎이 크고 세다.

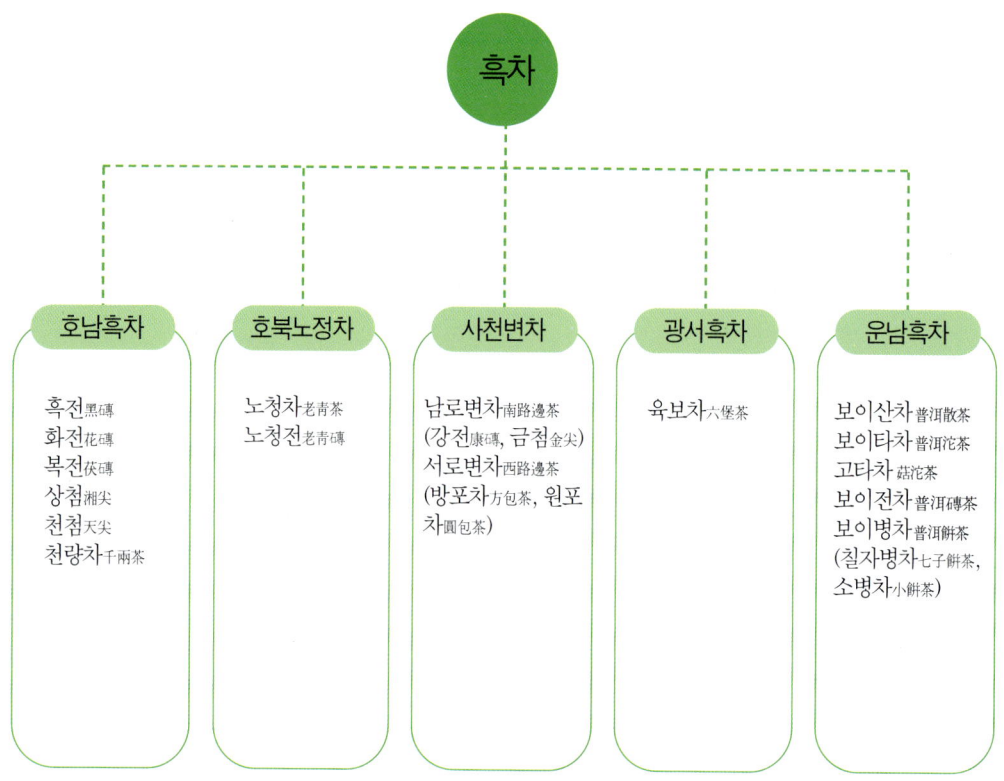

녹차 제차과정 중 후발효가 된 차로 주로 운반과 보관에 편리하므로 긴압차로 재가공한다. 색상은 검으며 윤이 나고 탕색은 등황색橙黃色으로 맛은 진하면서도 감칠맛이 난다. 여러 번 우려내어도 처음의 향기와 맛이 변하지 않으며 운남성 장뢰나무와 대엽종이 섞여 만들어진 순하면서도 독특한 향이 난다.

숙성시켜 후발효가 일어난 뒤에야 참맛을 느낄 수 있으며 발효정도가 80~98퍼센트이다. 흑차는 쇄청녹차를 두껍게 쌓아두고 이를 퇴적하여 미생물에 의해 발효가 일어나도록 하여 만든 차이다. 퇴적이란 찻잎을 쌓아두고 발효를 진행시키는 과정으로 인해 발효시간이 길어져 찻잎 색깔이 검고 반지르르하며 흑갈색으로 변했기에 흑차라고 부른다.

흑차 중 보이普洱란 이름은 운남성의 차 집산지이며 교역의 장소인 보이를 따서 '보이차'라고 이름 붙여졌다. 제차방법에 따라서 생차·숙차로 구분할 수 있고, 긴압 유무에 따라 산차와 긴압차로 구분하며, 저장방법에 따라 건창과 습창으로 구분한다. 긴압의 형태에 따라 병차·전차·벽돌차·타차·긴차·방차 등으로 나누어진다.

홍차

홍차紅茶는 녹차·흑차·백차를 만드는 방법의 과정에서 발전한 것으로 16세기에 시작되었다. 청나라 때 동천공董天工의 『무이산지』에는 소종小種과 공부工夫라는 이름이 있었다.

말린 외형은 검은 색을 띠고 있지만 우려낸 탕색과 찻잎이 붉은 색을 띠기 때문에 홍차라고 하였다. 상쾌한 떫은 맛과 등적색의 탕색으로 세계 각국에서 가장 널리 사랑받고 있다. 인도·스리랑카·케냐·인도네시아·터키 등에서 주로 생산된다.

홍차는 살청을 하지 않고 위조와 유념을 한 후 찻잎을 쌓아두고 찻잎 내부의 수분과 온도로 발효시킨다. 홍차를 만드는 과정 중 찻잎을 제품으로 만드는 방법으로 첫 번째는 CTC방법*인데 주로 중저가품을 만드는데 사용된다. 고급품을 만드는 데는 적합하지 않으나 대량의 차를 만드는데 적합하고 향과 맛을 끌어내므로 많이 쓰인다. 둘째는 전통적인 방법으로 위조·유념·발효·건조의 복잡한 과정을 거친다.

차의 품종이나 가공방식에 따라 공부홍차·소종홍차·홍쇄차로 분류된다. 중국 특유의 품종으로 전통적인 수출품이다. 정성 들여 만든 홍차라는 의미와 공부종의 품종으로 만든 차라는 의미를 함께 지니고 있다. 기문홍차가 여기에 속한다.

소종홍차는 복건성의 무이산武夷山, 숭안현崇安懸, 성촌진星村鎭, 동목촌洞木村 일대에서 만들어지며 정산소종正山小種과 외산소종外山小種의 두 종류가 있다. 마지막 건조할 때에 소나무 장작연기를 쐬기 때문에 차에서 독특하고 묘한 솔향기가 난다.

홍쇄차는 찻잎을 잘게 부수어 만드는 것으로 최근에는 차의 생산이 증가하였을 뿐만 아니라 품질도 좋아지고 있다.

기계로 찻잎을 눌러 으깨고(crush), 찢고(tear) 말아서(curl) 만든 후 발효시켜 가열해 말리면 완성된다.

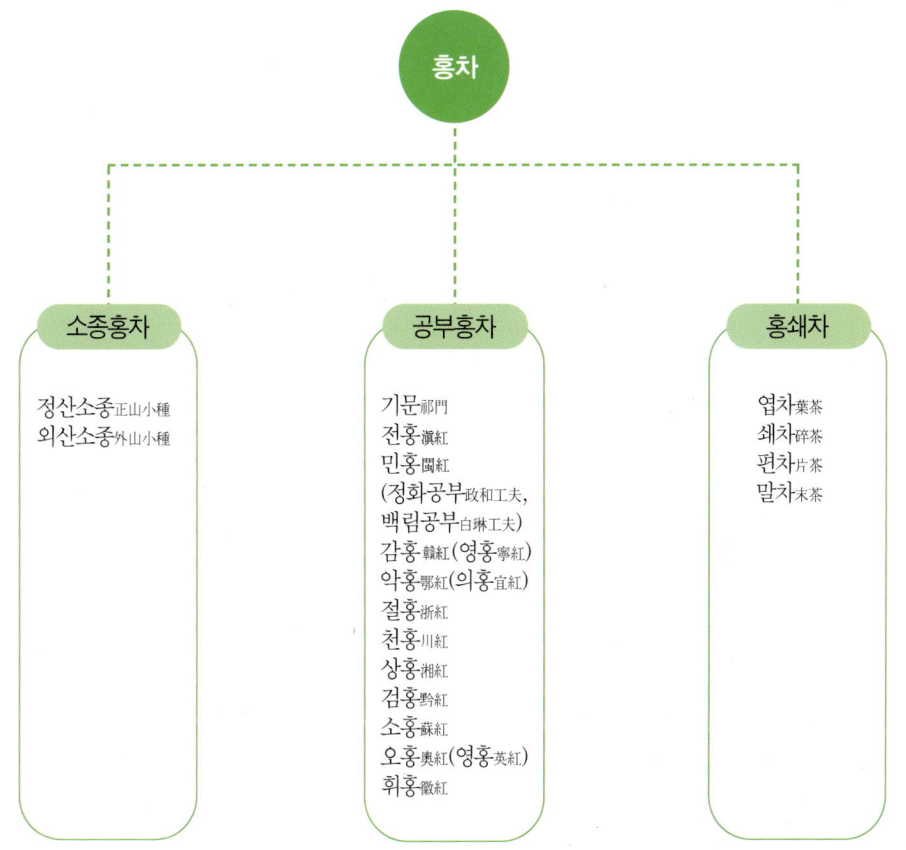

3장_중국차의 분류

화차

중국 화차花茶(쟈스민차)의 대표격으로 전 세계인이 즐겨 마시는 차다. 쟈스민 꽃 즉 말리화꽃(茉莉花) 향기를 찻잎에 배게하여 만든 것으로 복건성에서 생산되는 것이 가장 품질이 우수하다.

복건성에서 생산되는 고급 말리화차는 대백, 대호 품종의 찻잎으로 위조·건조과정을 거쳐 모차로 만든다. 여기에 오후 4시 전후, 꽃향기가 가장 진할 때 꽃을 따서 차와 섞은 다음 분리하고, 다시 새로운 꽃을 섞는 과정을 4~5번 반복한다.

일반적으로 이 과정을 거쳐 완성차가 만들어지는 데는 한 달 이상의 시간이 걸린다.

가공방법의 발전에 따라 말리화차의 종류도 점점 다양해지고 있는데 크게 말리산차茉莉散茶, 구슬 형태의 말리용주茉莉龍珠, 여러 가지 모양과 꽃을 첨가한 수공예차로 나눌 수 있다.

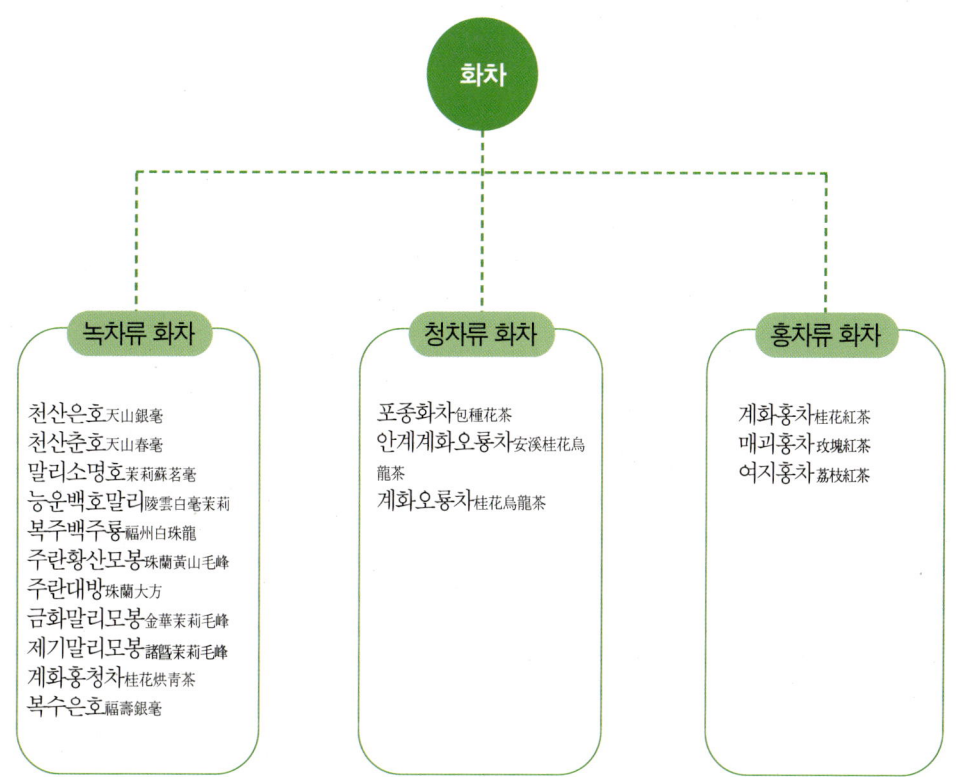

발효^{醱酵}란

발효의 사전적 의미는 효모·세균·곰팡이 등의 작용으로 유기물이 분해 또는 산화·환원하여 알코올이나 탄산가스 등으로 변하는 현상을 말한다. 즉 미생물의 작용에 의해서 유기물이 분해되어 인간에게 유용한 물질이 생성되는 현상이다.

오늘날 발효라는 용어는 포도당같이 에너지를 내는 분자들이 혐기성 상태에서 미생물에 의해 분해가 촉진되어 에너지가 형성되는 과정을 의미하지만 학문적으로는 탄수화물이 무산소적으로 분해되는 것을 말한다. 그러나 찻잎에는 미생물이 존재하지 않으므로 발효라는 개념보다는 '산화' 라는 말이 적당한 표현이지만 발효라는 개념을 차용해왔기 때문에 계속 사용하는 것이다.

그러므로 차에서의 발효의 의미는 적당한 온도와 습도에서 찻잎의 폴리페놀 성분이 산화효소인 폴리페놀 옥시디아제에 의하여 녹색의 엽록소가 황색의 데아플라빈과 홍색의 데아루비긴으로 변하면서 독특한 향기와 맛을 만들어 내는 작용을 말한다. 살청 전 효소가 발효되는 것을 선발효라고 하며 살청 후에 일어나는 발효는 미생물발효로 후발효라고 한다. 6대 차류는 발효의 유무를 기준으로 불발효차(녹차), 반발효차(백차·청차), 완전발효차(홍차), 후발효차(황차·흑차)로 분류할 수 있다.

발효정도에 따른 분류

불발효차

찻잎을 따서 증기로 찌거나 혹은 가마솥에서 덖어 찻잎 속 효소의 산화작용을 억제시켜 발효가 일어나지 않도록 녹색을 그대로 유지시켜 만든 차이다.

반발효차

찻잎을 햇볕이나 실내에서 시들리기와 교반攪拌*을 하여 찻잎 속에 있는 성분의 일부가 산화되어 향기가 나게 만든 차로 중국의 복건성·광동성·대만 등에서 주로 생산된다.

*찻잎을 휘저어 섞는 과정

완전발효차

찻잎을 햇볕에 잠시 널어 두었다가 실내로 옮겨 장시간 시들린 후 유념하여 잎 속에 들어있는 효소의 활동을 촉진시켜 건조한 차로 홍차계열이 이에 속한다. 홍차는 80퍼센트 이상을 발효시킨 차이며 열대지방이 주산지이고 일조량이 많을수록 탄닌 성분이 강하여 좋은 홍차가 된다.

후발효차

녹차 제조방법과 같이 효소를 파괴시킨 뒤 찻잎을 퇴적하여 공기 중에 있는 미생물의 번식을 유도해 다시 발효가 일어나게 만든 차이다.

채차시기에 따른 분류

　중국은 차산지가 넓은 지역에 분포하고 있는 만큼 차의 종류가 다양하며, 차 따는 시기, 즉 채차시기에 따른 차이름도 무수히 많다. 『다경』에는 일찍 따는 것을 차茶라고 하고 늦게 따는 것은 명茗이라고 했다. 아열대에서 아한대까지 분포하고 있는 넓은 영토를 가지고 있는 중국은 차 따는 시기도 길어서 3월 하순에 시작하여 가을 초까지 차를 제차한다. 일반적으로 3~5월의 차를 두춘차頭春茶라고 하고 6월의 것을 이춘차二春茶, 7월에 따는 것을 삼춘차三春茶라고 한다.

　매년 4월 상순 청명절을 중심으로 따는 것을 명전차明前茶라고 한다. 일반적으로 명전차는 고급차의 대명사로 불리고 있다. 특히 4월 하순에서 5월 하순 곡우 전의 것을 우전차雨前茶, 곡우 후에 딴 것을 소만차小滿茶라고 한다.

호남성은 차산지로 널리 알려지지는 않았지만 차를 따는 시기에 따라 춘차春茶·채화차采花茶·백로차白露茶·자차仔茶의 네 종류가 생산된다. 춘차는 우전차, 소만차에 해당하고, 6월 하순의 망종에서 7월 상순의 소서까지의 차는 자차, 채화차는 입추 전후 그리고 백로차는 9월 상순 백로에 만들어진 것을 말한다.

그 외에 차를 따는 시기에 따라 작설차雀舌茶·기창차旗槍茶가 있다. 참새가 한여름에 더위를 알리기 위해 날개를 펴고 부리를 벌려 혓바닥 끝을 내밀고 있는 상태, 즉 1창 2기, 창끝에 작은 깃발이 붙어있는 상태는 1창 1기로 고급차의 대명사로 사용되고 있다.

현재는 거의 볼 수가 없지만 화전차火前茶는 동지에서부터 105일째 되는 약 4월 20일 쯤에 따는 차로 고급차에 속한다. 이 화전이라고 하는 것은 그날 하루 동안 불에 감사하는 마음으로 불을 사용하지 않는 '금화禁火의 날'로 불리고 있다. 이는 중국의 토속 습관의 하나이다.

국제상을 받은 명차

연도	대회	수상 내역과 차
1915	미국 파나마만국상품박람회와 품평회	**1등 금상** 기문홍차·태평후괴, 절강성의 운화혜명차, 하남성의 신양모첨, 강서성의 협화창 주란다정, 복건성의 민북수선. **2등상** 강서성의 수천구고뇌, 복건성의 민북수선 등.
1945	싱가포르품평회	**금상** 복건성 안계의 태산봉 철관음 오룡차
1950	태국품평회	**특등상** 안계 벽천봉 철관음 오룡차
1956	라이프찌히국제박람회	**금상** 호남성의 군산은침
1983. 3	이탈리아 제22회 세계우수식품평가대회	**금상** 사천성의 아미패 중경타차
1984. 9	스페인 제23회 세계우수식품평가대회	**금상** 절강성의 천단패 특급주차
1985. 6	프랑스 국제미식여행협회 평가대회	**금상** 복건성의 말리화차
1985. 7	스페인 〈국제상업평론〉 출판사 주최 대회	**국제 최우수상 및 서비스상** 상해 만년청패 특진 1급녹차와 용패홍차인 대포차
1985. 9	포르투갈 제24회 세계우수식품평가대회	**금상** 사천성의 죽엽청녹차·아미패 조백첨공부홍차·아미모봉 등.
1986. 3	스페인 제9회 식품평가대회	**금상** 운남타차
1986. 9	스위스 제9회 세계우수식품평가대회	**금상** 절강성 천단패 특급진미녹차, 사천성 아미패 홍쇄차, 아미패 조백첨공부홍차 등.
1986. 10	프랑스 국제미식여행협회	**금상** 복건성의 말리화차대포차, 상해의 용패홍차대포차, 만년청패 특진 1급녹차, 만년청패 우차 1급녹차, 만년청패 풍미녹차, 만년청패 공희녹차, 복건성 신아패 철관음차, 절강성의 천단패 특급주차, 광동성의 금범패 영덕홍차 등.
1987. 8	뒤셀도르프 제10회 세계우수식품대회	**금상** 운남타차
1987. 9	부뤼셀 제26회 세계우수식품평가대회	**금상** 안휘성 기문 특급공부홍차, 상해 만년청패 특진녹차, 광동성 고급예품차
1988. 9	그리스 제27회 세계우수식품평가대회	**대상 황금종려상** 절강성의 극품용정차와 동시에 은상을 받은 것으로 안휘성의 특진특급녹차, 특진 1급녹차
1992. 9	브뤼셀 제32회 세계우수식품평가대회	**금상** 절강성의 낙타패 특진미녹차

4장 중국의 명차

名茶

사봉용정치발 풍경
ⓒ박홍관

중국의 명차에는 수백 가지 종류가 있지만 역사적인 분석에 근거하여 다음과 같은 세 종류로 나누어 볼 수 있다.

첫째는 전통적인 명차에 속하는 것이다.
서호용정·여산운무·동정벽라춘·황산모봉·태평후괴·은시옥로·신양모첨·육안과편·둔계진미·노죽대방·계평서산차·군산은침·운남보이차·창오육보차·정화백호은침·백목단·안계철관음·봉황수선·민북수선·무이암차·기문홍차 등이 있다.

둘째는 역사적인 명차를 회복시킨 것이다.
역사적으로는 옛날부터 있었지만 후에 계속 생산할 수 없었거나 혹은 더 이상 전해지지 않던 것을 연구해서 새롭게 만들어 원래의 차 이름을 회복시킨 것이다. 휴녕송라·용계화청·경정녹설·구화모봉·귀산암녹·몽정감로·선인장차·천지명호·귀정운무·청성설아·몽정황아·양선설차·녹원모첨·곽산황아·고저자순·경산차·안탕모봉·일주설아·금장혜명·금화거암·동양동백 등이 있다.

셋째는 새로 창조된 명차에 속하는 것이다.
무원명미·남경우화차·무석호차·모산청봉·천주검호·악서취란·기산취미·망부은호·임해반호·천도옥엽·수창은후·도균모첨·고교은봉·금수취봉·영천수아·상요백미·미강취편·안화송침·준의모봉·문군녹차·아미모봉·설아·설청·선태대백·조백첨홍차·황금계·진파무호·한수은사·팔선운무·남나백호·오자선호 등이 있다.

서호용정차 西湖龍井茶

절강성의 항주시 서호일대인 사봉산獅峰山, 매가오梅家塢, 옹가산翁家山, 운서雲栖, 호포虎跑 일대에서 생산된다. 보편적으로 기후에 따라 3월 25일 전후로 생산되며 찻잎의 외형은 제차과정에서 손바닥으로 살짝살짝 눌러서 만들기 때문에 편평한 형태로 이루어져 있으며 초청녹차에 속한다.

서호용정차는 옛날에 한 승려가 용정샘이 있는 자리에 용정사를 짓고 차나무를 심어 차를 만들었는데 그 차 맛이 우수하여 세상에 널리 알려져 용정차로 불리게 되었다.

동정벽라춘 洞庭碧螺春

강소성의 소주시蘇州市 오현吳縣의 태호太湖 일대인 동정산洞庭山에서 생산된다. 3월 15일 전후로 생산되며 찻잎의 외형은 소라처럼 구불구불한 나선형의 형태로 이루어져 있다. 500그램 한 근을 만드는데 5~7만 개의 어린 찻싹이 필요하다. 살청에서 건조까지 솥에서 마무리 하는 초청녹차에 속한다.

벽라춘은 향이 너무 좋아 사람을 죽일 정도의 향이라 하여 옛날에는 혁살인향嚇煞人香이라 하였으나, 청나라 강희康熙 황제가 지방순시 중에 차를 마시고 차의 이름이 우아하지 못하다고 하여 차의 이름을 벽라춘으로 고쳐 부르게 하였다.

안길백차 安吉白茶

절강성의 안길현安吉縣에서 생산되고 있는데 자라면서 돌연변이가 된 백차나무를 무성번식 재배하여 만든 녹차이다. 봄에 나는 새싹은 노란빛을 띠어 백차라는 이름이 붙여졌으나 점점 기온이 올라가 24도 이상 되면 보통 차나무와 같은 녹색의 잎이 나오는 특이한 차이다.

보편적으로 기후에 따라 3월말 전후로 생산되며 찻잎의 외형은 살청을 한 후 건조과정을 초홍初烘과 복홍復烘으로 나누어서 하는 홍청녹차이다.

안길백차는 다른 녹차에 비해 데아닌 성분이 풍부하여 비교적 우리 입맛에도 잘 맞아 많이 알려졌으며, 특히 차를 우린 후 찻잎의 형태가 아름다워서 유명해진 명차이다.

황산모봉 黃山毛峰

안휘성에 있는 명산인 황산 일대에서 생산된다. 일반적으로 3월말 전후로 생산되며 찻잎의 외형은 참새의 혓바닥처럼 생긴 작설형이다. 살청을 한 후 건조과정을 초홍과 복홍으로 나누어 하는 홍청녹차이다.

황산모봉은 청나라 광서光緖 연간에 사유진謝裕秦 찻집에서 처음 만들기 시작하였다. 황산의 지명과 차의 특징에 따라 황산모봉으로 이름하였다.

황산모봉 차밭(ⓒ박홍관)

육안과편 六安瓜片

안휘성의 육안시六安市, 금채현金寨縣, 곽산현霍山縣에서 생산되고 있다. 일반적으로 3월말 전후에 두 번째, 세 번째 잎만을 골라 따서 만든다. 찻잎의 외형은 잎의 뒷면으로 말려진 납작하고 길쭉한 오이씨와 비슷한 편片의 형태이다. 살청을 한 후 건조과정을 초홍初烘과 복홍復烘으로 나누어 하는 홍청녹차이다. 복홍을 할 때는 숯불 위에 찻잎을 올려놓고 건조를 시킨다.

1905년 전후 육안의 차전문가가 처음 차를 만들기 시작하였고 생산지명과 차의 완성된 차의 특징에 따라 육안과편이라 이름하였다.

백호은침 白毫銀針

복건성 정화현政和縣, 복정현福鼎縣에서 생산된다. 가공방법에 따라서 백차, 발효정도는 약발효차에 속한다.

백차의 생산 역사는 오래되었는데 오늘날의 백호은침은 복정대백차와 정화대백차 두 종류의 품질이 좋은 차나무 품종에서 채엽하여 만든다. 청나라 가경嘉慶 초년(1796)에 통통한 찻잎으로 백호은침을 만드는 제차법을 개발하였으며 그 후 차 품종을 육종 번식하여 1889년에 본격적으로 생산하게 되었다.

차의 외형은 침형으로 두툼하고, 솜털로 새하얗게 백호처럼 덮여 있어 백호은침이라 이름하였다.

백목단 白牧丹

　백목단이란 이름은 녹색의 찻잎에 은백색의 백호가 덮여있으며 꽃과 같은 모양을 하고 있고 백색의 모란꽃과 같다는 데서 붙여졌다. 차나무 품종에 따라 대백차大白茶와 수선백차水仙白茶로 분류한다. 대백차는 복정대백차 품종과 정화대백차 품종의 찻잎을 가공하여 만들어졌으며 수선백차는 수선 품종의 찻잎으로 만든 것이다. 1922년 이전에는 복건성 건양현의 수길향水吉鄕에서 만들었지만, 현재는 주로 복건성福建省 건양建陽, 정화政和, 송계松溪, 복정현福鼎縣 등에서 생산된다.

군산은침 君山銀針

　호남성 악양시岳陽市 동정호 가운데 그림처럼 떠있는 군산君山이라는 섬에서 생산되는 황아차이다. 가공방법에 따라서는 황차이며 후발효차에 속한다.

　이 지역에서 차를 생산한 역사는 오래되었다. 당나라 때는 황령모黃翎毛로 불리다 1957년부터 군산은침으로 바뀌게 되었다. 청명淸明 전후에 바늘과 같은 어린 싹으로만 만든다.

　살청 후에 유념을 전후하여 종이에 싸서 상자에 넣고 이틀 밤낮을 그대로 놓아둔다. 이렇게 약간의 수분이 남아 있는 상태에서 쌓아두는 과정인 민황悶黃을 통하여 싹이 오렌지 빛을 띤 황색으로 변하면 따뜻한 불에서 건조를 시켜 완성한다. 차를 만드는데 총 3일간 70시간이 필요하다. 이렇게 만들어진 군산은침은 황금색의 튼실한 차싹이 흰털로 덮혀 있는 황차를 대표하는 명차이다. 그러나 전통적으로는 민황을 통한 황금색의 황차를 생산하였으나 현재 중국에서는 민황 과정을 약하게 하여 녹차와 흡사한 명목상의 황차를 생산하고 있는 실정이다.

군산은침은 생산 지명과 차의 특징을 본 따 차의 이름이 정해졌다.

곽산황아 霍山黃芽

안휘성 곽산현에서 생산되는 황아차로 당·송시대에 조정의 공품으로 선정되고 청나라에 이르기까 명차였으나, 지금은 이름만 남아 있으며 가공기술도 전해지지 않고 있다.

지금의 곽산황아는 1971년 새로 제차법을 개발하여 생산을 시작하였다. 안휘성 서쪽에 있는 대별산大別山 지역에서 생산되는데 높이가 800미터 이상이며 1년 중 운무가 충분하고 일조시간은 짧고 약하다. 기후는 온난하고 습도가 높으며 평균기온이 섭씨 14~16도이다. 평균 강수량이 1천300밀리미터 이상, 토질은 산성의 황색토양으로 PH 5~6이다. 이런 환경에서 자라는 찻잎은 싹이 여리며 도톰하고 품질이 좋다. 대화평大化坪의 금계오金鷄塢, 금산金山, 상화가上和街의 금죽평金竹坪에서 생산되는 차의 품질이 우수하다.

대홍포 大紅袍

　대홍포는 어린 싹이 자홍색紫紅色을 나타내고 있어 멀리서 보면 차나무 주위가 홍색으로 보인다. 대홍포란 이름은 차나무와 관련된 여러 가지 전설에서 유래되었다. 대홍포는 명나라 말에서 청나라 초에 발견하였는데 재배하고 가공된 역사가 350년이나 되었다.

　복건성 북쪽 무이산武夷山에서 생산되는데 생산지에 의한 구분은 민북오룡에 속한다. 가공방법에 따라서는 청차계열이며, 발효정도에 따라서는 반발효차에 속한다.

　품종으로 나누자면 오룡차烏龍茶 계열이며 흔히 무이산 계곡 바위 틈에서 생산되기 때문에 무이

암차라고도 하는데 무이암차 중에서 가장 대표적인 차다.

　무이암차는 생산되는 지형에 따라 구분되기도 한다. 산 중턱 바위 중간 차밭에서 생산되는 차를 '정암차正岩茶', 산과 계곡의 평지 사이에서 생산되는 차를 '반암차半岩茶', 계곡과 계곡의 넓은 평지에서 생산되는 차를 '주차洲茶'라고 부른다.

　대홍포는 보통 봄 4월 20일에서 5월 10일쯤에만 찻잎을 채취하여 만들기 때문에 차 생산량이 적었으나 현재는 무성번식에 의한 차나무의 보급으로 생산량이 많이 증가되었다.

　대홍포가 생산되는 지역은 사계절 기후가 따뜻하고 연평균 기온은 섭씨 18.5도이며 산간계곡에는 물이 흐르고 구름과 안개가 많다. 토양은 산성이며 어두운 색으로 풍화작용에 의해 만들어졌다. 대홍포 차나무는 관목형으로 형태는 반쯤 펼쳐졌으며 작은 가지와 잎이 많다. 잎은 타원형으로 끝은 약간 늘어져 있고 진한 녹색의 광택이 난다.

육계 肉桂

　육계는 옥계玉桂라고 불리는 단맛과 매운맛이 나는 향신료와 비슷한 향이 나기 때문에 붙여진 이름으로 차나무와 관련된 전설에서 유래되었다. 육계는 우수한 품종의 차나무에서 신선한 찻잎을 채취하여 무이암차의 제조방법으로 만들어진, 향이 진한 차로 복건성 무이산에서 생산된다.

　1940년대 무이산 차원의 10품종 중 하나가 되었으며 1960년대 이후에는 차에 대한 인지도와 명성이 좋아져서 재배면적이 늘면서 무이암차의 주요 품종이 되었다. 차밭은 황산괴석과 계림산수가 어우러진 무이산 36봉우리와 9개의 계곡이 굽이 휘돌아 흐르는 곳으로 대부분 650미터 높이에 있다.

  홍색의 사암沙巖이 풍화작용으로 만들어진 토양이며 토질은 푸석푸석하고 부식질 함량이 높으며 산성은 적당하다. 1년 중 강수량이 풍부하고 산간에 운무가 가득하다. 기온은 온화하여 겨울에는 따뜻하고 여름에는 시원하다. 바위틈에서는 샘물이 끊임없이 흐르는데 이런 환경에서 자란 찻잎은 신선하고 여리며 엽록소를 많이 포함하고 있다.

철관음 鐵觀音

안계 철관음은 오룡차의 최고급품이다. 찻잎은 육질이 도톰하면서 짙은 녹색이며 진한 향을 가졌다.

복건성의 안계 지역인 상화진祥華鎭・장갱향長坑鄉・감덕진感德鎭・검두진劍斗鎭・호구진虎邱鎭 등에서 특히 많이 생산된다. 생산지에 의한 구분은 민남오룡에 속한다.

생산지는 해발 100~1천 미터에 있으며 경치가 빼어나게 아름답다. 기후가 온화하며 비와 안개가 많은 아열대 기후이다. 연간 강수량은 1천700~1천900밀리미터이며 연평균 기온은 섭씨 15~18.5도 정도이다.

토양은 산성의 붉은땅으로 부드러우며 유기질 함량이 풍부하다.

가공방법에 따라서는 청차계열, 발효정도에 따라서는 반발효차에 속한다.

철관음은 보편적으로 봄과 가을 두 번 생산되며 낮은 지역에서는 이보다 한두 차례 더 생산되기도 한다. 대만의 목책木柵지역에서 생산되는 철관음은 발효정도가 중국의 안계 철관음보다 높은 것이 특징이다.

청나라 건륭乾隆 황제로부터 찻잎의 모양이 관음과 같고 무겁기가 철과 같다 하여 철관음이란 이름을 하사받은 후로 계속 철관음으로 불리고 있다.

황금계 黃金桂

황단黃旦이라고도 부르며 황단차나무 품종의 찻잎으로 만든 것을 황금계·금계라고 하는데 황단의 원산지는 안계이고 무성계품종無性係品種이다. 황단은 오룡차 계열로 일급품이며 일조이기一早二奇가 품질의 특성이다.

일조一早는 차싹이 일찍 발아하며 차를 따서 만드는 시기가 이르고, 판매시장이 일찍 형성되어서 차의 가치가 높아지는데 있다. 이기二奇는 외형면에서 황黃·균勻·세細라 할 수 있다. 마른 찻잎은 황색이고 찻잎의 크기는 균일하며 섬세하다. 그리고 차의 향이 뛰어나며 기이하고 신선함이 황금계의 가치를 높고 귀하게 만든다.

봉황단총 鳳凰單叢

광동성廣東省 조주시潮州市의 봉황산과 오동산에서 주로 생산된다. 산지에 의한 구분은 광동오룡에 속한다. 가공방법에 따라서는 청차계열이며, 발효정도에 따라서는 반발효차에 속한다. 일반적으로 1년 중에 봄·가을 두 차례에 걸쳐서 생산된다.

봉황단총은 봉황수선의 품종 중에서 우량한 차나무를 재배, 채취, 가공한 것이다. 송나라 때에 발견된 차나무는 송차宋茶라고 하며, 그 나무에서 유성번식된 것은 송종宋種이라 한다. 차이름은 생산지인 봉황산의 봉황을, 단총은 무리를 지어서 차나무를 재배하는 것이 아니기 때문에 단총이라고 한다.

수선품종에서 일종의 돌연변이로 독특한 향기를 가진 차나무를 독립시켜 잡종이 생겨나지 않도록 단독 재배한다.

봉황단총의 향은 크게 황지향黃之香·지란향芝蘭香·도인향桃仁香·옥계향玉桂香·통천향通天香 등으로 이름이 정해지는데 80여 가지 이상의 차종으로 구분되어 재배되고 있다.

송종 노차왕 老茶王

송종은 봉황 오동산烏董山 이자평촌李仔坪村 태석고泰石鼓에서 생장하고 있으며, 남송 말년 이자평촌 주민인 이씨가 여러 차례 선별 재배하여 번식한 차나무이다. 봉황차 가운데 노차왕은 품종과 향이 특이한 제일 오래된 차나무로 다양한 명칭을 가지고 있다. 송종 차나무의 수령은 600년이며 높이는 5.8미터인데 가지와 잎이 풍성하여 한 자루의 우산 같다.

1980년 농촌의 생산체제를 개혁하면서 한 농가에서 관리하게 하여 송종 단총차單叢茶라 부르게 되었으며 간단히 송차라고 하였다. 차나무 수령이 높고 생산량이 많으며 경제적 이익도 높여주므로 사람들은 1990년부터 노차왕이라는 별명도 붙여주었다.

대만 오룡차 烏龍茶

대만 중부의 산악지역 이산梨山·아리산阿里山·삼림계杉林溪·대우령大禹嶺 등에서 광범위하게 생산된다. 가공방법에 따라서는 청차계열이며, 발효정도에 따라서는 반발효차에 속하는데 차의 품종은 청심오룡이 대부분이다.

보편적으로 1년 중에 봄·가을 두 차례에 걸쳐서 생산되는데 낮은 지역에서는 한두 차례 더 생산되기도 한다. 대만 오룡차는 높은 산에서 생산된 것일수록 고급차에 속하며 가격이 비싸다. 이는 높은 산에서 생산될수록 차의 떫은 맛을 내는 카테킨의 함량은 적고 단맛을 내는 아미노산의 함량이 높기 때문이다. 그래서 고산차高山茶는 떫은 맛은 적고 단맛이 많이 난다.

일반적으로는 해발 1천 미터 이상되는 차밭에서 생산된 모든 차를 고산차라고 하는데, 청나라 함풍咸豊 연간에 임봉지林鳳池라는 사람이 복건성의 암차나무를 가져와 남투현南投懸 동정산凍丁山에 심은 데서 비롯되었다 한다.

백호오룡白毫烏龍

백호오룡은 팽풍차膨風茶・동방미인東方美人・홍수오룡紅水烏龍・복수차福壽茶・향빈오룡香檳烏龍이라고 불린다. 신죽현 아미향, 북포항, 횡산향과 죽동진 일대, 묘율의 두옥, 두빈, 보산, 노전료, 삼만 일대 등에서 생산된다. 발효정도가 65퍼센트 이상으로 중重발효된 반발효차이다. 망종芒種*에서 단오端午에 이르는 따뜻한 시기에 소녹엽선小綠葉蟬 곤충의 피해를 가볍게 입은 찻잎으로 만든 완전한 유기농 차이다. 찻잎의 색이 짙고 육질이 두터운 것이 좋다.

백호오룡은 양력 6월 6일 경에서 하지 전까지의 약 15일 간을 망종이라 하는데 이시기에 채엽하여 제차한 차의 품질이 가장 우수하다.

백호오롱 차밭 풍경

보이차 普洱茶

보이차는 운남성의 6대 차산지에서 주로 생산되고 있다. 가공 방법에 따라서는 흑차계열, 발효정도에 따라서는 후발효차에 속한다.

보이차의 전통적인 제차방법은 쇄청녹차를 모차毛茶로 하여 후발효시킨 것이다. 젖은 찻잎을 쌓아놓아 발효시키는 악퇴渥堆 과정을 거치지 않고 긴압된 차를 청병靑餠 혹은 생차生茶라고 표현하며 이렇게 만들어진 5년 이내의 보이차는 녹차 긴압차에 속한다. 1973년 이후에는 보이차를 단기간 안에 발효시키는 제차방법으로 쇄청녹차를 악퇴 발효하여 긴압하는 방법이 등장하였다.

보이차는 긴압방법과 긴압의 형태에 따라 둥근 모양의 병차餠茶, 직사각 모양의 전차磚茶 또는 벽돌차, 사발을 엎어 놓은 형태의 타

차沱茶, 버섯 모양의 고타차菇沱茶, 초콜릿처럼 작은 모양의 소타차 등으로 구분할 수가 있다.

칠자병차 七子餠茶

긴압차의 일종이며 원차圓茶, 교소원차橋銷圓茶, 교소칠자병차僑銷七子餠茶라고도 한다. 송나라의 용봉단차에서 변화한 것이며 생산 지역은 운남성이다. 원산지는 서쌍판납西双版納과 이무易武 지역이며 현재는 맹해勐海 · 곤명昆明 · 경동景東 · 하관下關 등에서 생산된다.

칠자는 모양이 원형이며 자식을 많이 낳아 번창하고 부귀영화를 누리며 살라는 것을 뜻한다. 보통 지름이 20센티미터, 무게는 357그램으로 각 한 병씩 포장을 하여 모두 일곱 개를 대나무 잎으로 묶어 한 통을 만든다.

천량차 千兩茶

호남성湖南省 장사시長沙市 안화현安化縣에서 주로 생산된다. 이 지역에 있는 설봉산에서 야생 교목형의 찻잎을 자루형 대바구니 속에 넣고 긴압하여 만든다.

천량차는 단오 이전에 찻잎을 채취하여 퇴적하여 두었다가 일

년에 7월, 8월, 9월 석 달간만 전통 수공방식으로 제차하여 만든다. 만들 때 무게를 1천 양兩으로 했다고 해서 천량차라고 하는데 화권차花卷茶라고도 한다.

천량차가 처음 생산되었을 때는 차의 무게가 1백 량인 백량차로 먼저 만들었다. 그런데 청나라 동치同治 목종 황제 때, 진(산서성과 하북성의 남부지역)의 삼화공三和公이라는 차 가게에서 차를 좀더 쉽게 운송하기 위해서 큰 대나무바구니를 이용하여 무게를 증가시켜 천 량으로 만들기 시작하면서 오늘날의 천량차가 되었다.

육보차六堡茶

원산지는 광서廣西 창오蒼梧 육보향六堡鄕으로 흑모차黑毛茶의 일종이며 이름은 육보향이란 지명에서 유래하였다.

형태는 덩어리로 되어 있는 것, 벽돌 모양, 돌 모양과 산차로 포장한 것도 있다. 품질은 오래 묵은 것일수록 좋으며, 습기를 없애주고 더위를 가시게 하며, 눈을 맑게 하고 마음을 깨끗하게 해 주는 효능이 있다.

기문홍차 祁門紅茶

안휘성 기문현祁門縣 일대에서 주로 생산된다. 공부홍차의 가장 대표적인 차로서 제차방법에 따라서는 홍차이며, 발효정도에 따라서는 완전발효차이다.

청나라 광서光緖 년간에 기문에서 생산된 녹차의 품질이 좋고 육안 녹차와 비슷하여 안록女綠이라고 하였다. 검현黔縣 사람인 여간신余干臣이 안록의 찻잎으로 1875년 이후로 복건성의 홍차 제차법을 모방하여 발전하게 되었다. 오늘날 기문홍차의 생산량은 점차 증가되고 있으며 생산지역도 강서성 경덕진 등으로 확대되고 있다.

기문홍차는 홍차 특유의 검은색으로 윤기와 광택이 나

며 향이 좋다. 기문홍차 특유의 꿀향과 과일향, 꽃향이 어우러진 향을 기문향이라 한다. 인도의 다즐링, 스리랑카의 우바차와 함께 세계 3대 홍차로 불린다.

정산소종 正山小種

중국 홍차는 복건성에서 만들어지기 시작했으며 정산소종과 외산소종으로 나눈다. 정산소종은 18세기 후기 복건성 무이산시 동목지구에서 만들어졌다. 성촌소종星村小種, 동목관桐木關 소종小種 이라고도 불린다.

정산소종은 높은 고지대에서 생산되어 만들어진 차라는 뜻을 가진다. 연 강수량은 2천300밀리미터 이상이며 안개가 있는 날도 100일 이상이다. 일조시간이 짧고 서리가 내리는 기간이 비교적 길다. 토양은 수분이 충분하고 비옥하며 유기물 함량도 풍부하다. 이런 지역에서 재배된 차나무는 잎이 무성하며 크고, 새싹의 여린 상태를 지속하는 기간이 길다.

소종홍차가 생산되는 동목관 지역은 무이산맥과 근접하고 있어 지형이 높고 산이 험하다. 그래서 봄과 여름에는 하루 종일 운무가 피어오르며 온도가 낮고 습도가 높은 자연환경을 가지고 있다.

소종홍차는 제차과정 중에 소나무 연기를 훈연시켜서 차에서 독특한 소나무 향이 나는 것이 특징이다.

외산소종外山小種은 정화政和 · 탄양坦洋 · 북령北嶺 등에서 생산되는 차로 정산소종을 모방하여 소종홍차를 생산하기 시작하였는데 비교적 품질이 떨어져 '인공소종'이라 불린다.

홍쇄차 紅碎茶

파쇄형 홍차라고도 하며 티백용 홍차의 원료로 국제 차시장에서 세계 차수출량의 80퍼센트를 점유하고 있다. 1876년 처음으로 만들기 시작하였으며 인도의 조지 레이드(George Reid)가 차 절단기를 발명하여 온전한 찻잎을 짧고 작게 절단하여 가늘게 부숴 빨리 우러날 수 있는 방법을 창안하였다. 여러 종류의 부서신 홍쇄차를 블렌딩하여 맛과 향이 좋은 우수한 품질의 홍쇄차로 발전하게 되었다.

홍쇄차는 운남·해남·광동·광서·귀주·사천·호북·호남·강서·절강·안휘 등을 비롯하여 중국 모든 성에서 거의 생산된다. 그러나 탄닌 성분의 함량이 높은 운남 대엽종으로 만든 차의 품질이 가장 좋다.

중국 내에서 소비되고 있는 1회용 포장의 홍쇄차는 대부분 운남·해남·광서·광동 등에서 생산되는 홍쇄차를 원료로 하여 만든다.

5장

다_구

茶具

다구의 변천과 발전

다구의 변천

중국 토기는 약 7~8천 년의 역사를 가지고 있다. 일반적으로 중국 최초의 음차도구는 주기나 식기를 공용으로 사용한 것으로 알려졌다. 이러한 용기는 입구가 작고 몸체가 큰 토기로 제작되었는데, 절강 여요余姚 하모도河姆渡에서 출토한 흑도기는 당시 식기와 음차기를 겸용한 대표적인 것이다.

음차전용 다구가 있었음을 최초로 말해 주는 것은 서한시대 왕포王褒의 〈동약僮約〉이다. 〈동약〉은 노비매매문서로서 "차를 끓이기 전에 다구를 깨끗이 정리 정돈해야 한다(烹茶盡具, 已而盖藏)"에서 茶도는 차茶를 의미하므로 구具는 다도구를 뜻하는 것이다. 그러나 다구의 형태나 종류가 어떤 것이었는지는 확인할 수 없다.

한나라 때에는 식기食器가 매우 다양하여 호남성 장사 마왕퇴에서 출토된 기물을 보면 당시 사람들의 화려하고 사치스러운 생활을 짐작할 수 있게 한다. 손잡이가 달린 칠기잔은 당시 술잔으로 사용되었던 것으로 짐작된다.

당나라 이전의 음차방법에 관한 기록은 많지 않다. 삼국시대 장읍의 『광아廣雅』에는 "형주 파주에서 차를 따서 병차를 만드는데 잎이 쇤 것은 쌀로 고膏를 만들어 덩어리를 만든다. 마실 때에는 빨갛게 구운 후 가루내어 자기瓷器 그릇에 넣고 탕을 부어 마신다. 파·생강·귤을 첨가하기도 한다"라고 소개되어 있다. 이 책에는 최초의 제차방법과 음차방법이 소개되어 있는데 덩어리차인 병차를 가루내어 자기에 넣고 탕으로 만들어 마셨음을 알 수 있다.

남북조 시대가 되면 다구와 식기의 구분이 생기고 찻잔과 찻잔받침(茶托)을 사용하였다. 촉나라 재상이었던 최령이 딸에게 뜨거운 찻잔에 손이 데일 것을 염려하여 찻잔받침을 만들어 주었던 것이 기물로 기록된 최초의 것이라고 할 수 있다. 『다경』에 나오는 『광릉기로전』의 죽 파는 할머니의 죽그릇(器)이나 두육의 『천부荈賦』 등에 다구에 관한 기록이 있다.

당나라 때에는 차가 일상음료로 보편화되어 다구는 음차에 꼭 필요하게 되었으며 차의 색·향·미를 높이는 실용성이 강조되었다. 고풍스럽고 아름다운 정취의 다구들이 높은 예술성을 나타내면서 다구는 매우 빠르게 발전되었다.

당나라 때 황실에서 사용되었던 다구들이 1987년 섬서성 법문사에서 출토되었다. 금·은·유리·비색자기 등으로 차를 끓이는데 필요한 점차기點茶器와 가루내는데 필요한 연차기碾茶器로

법문사에서 출토된 차 도구들

차바구니

차연

소금 그릇

차합

차체

5장_다구 189

형주 백자

월주 청자

승반

소금그릇, 차통, 차합 등이다.

    육우 『다경』에는 차를 만드는데 필요한 다구 15종류와 차를 마시는데 필요한 다기 24종류로 다구와 다기를 구분하고 있다.

    당시에는 도자기가 발달하였는데 '남청북백南靑北白'이라 하여 절강성의 월주청자越州靑瓷와 하북성의 형주백자邢州白瓷가 유명하였다. 그 이외에 수주황자 · 홍주갈색자 · 당삼채와 같은 채색도기도 있었다.

    혼란기였던 오대십국 시기에는 탕병과 승반이 등장하고, 당나라 때 솥에 끓여 마시던 자차법과 달리 찻잔에 직접 차를 타서 마시는 옥차법이 새로 등장하였다.

송나라 때에는 기후적으로 추워서 차가 나지 않는 북방에도 대운하의 개통으로 음차가 확산되었다. 점차법에 사용되는 찻잔은 작은 완碗 또는 잔盞에 유약에 따라 흑유黑釉·장유醬釉·청유靑釉·백유白釉·청백유靑白釉로 나누었다.

당시에는 황실에서부터 일반인에 이르기까지 사회적으로 투차鬪茶가 유행하였다. 이 영향으로 흰색의 차 거품(유화乳華)을 돋보이게 하고 오래 지속하기 위해 검은색의 두꺼운 흑유잔이 사랑받았다. 당시 전국에서는 궁宮·가哥·여汝·정定·균鈞의 5대 유명한 가마가 있었다.

송나라 때의 흑유잔

이렇게 음차용 다구가 시대별로 변화 발전되었는데, 다구와 다기의 쓰임새는 어떻게 변했고 오늘날에 이르게 되었는지 알아보자.

다구라는 말을 최초로 언급한 왕포의 〈동약〉과는 달리 육우는 『다경』에서 제차법에 필요한 '다구'와 음차법에 필요한 '다기'로 구분하였다.

남송 말 심안노인의 『다구도찬茶具圖贊』에 점차법에 필요한 다구 12가지를 의인화하여 서술하면서 '다구'로 통칭하였듯이, 시대에 따라 다기와 다구의 명칭은 조금씩 다르게 사용되었다. 현재는 다기와 다구의 구분없이 혼용해서 사용하고 있다.

원나라 때에는 흑자가 점차 감소하고 청백유가 많아져 백자에 청색문양이 새겨져 있는 우아하고 풍부한 청화자기가 완성되었다.

탕병의 모양은 중심이 아래로 내려간 항아리식으로 주구(注口) 역시 어깨에서 배부분으로 내려오게 되었다. 원나라에서 명나라 때에는 자기로 만든 다구가 한꺼번에 발전하게 되어 오늘날의 의흥자기로 이어졌다. '경덕신의 자기, 의흥의 도기'라는 말처럼 소성(燒成), 유약의 색깔, 조형에서 모두 커다란 발전을 이룩하였다.

명나라 때에 증청에서 초청으로 제차방법이 바뀌자 음차방법도 산차를 우려 마시는 포차법으로 변하면서 다구도 변화하였다. 덩어리차인 병단차를 가루내어 마셨던 당나라·송나라의 적차

오나라(왼쪽)와 송나라(오른쪽) 때의 탕병으로 주구의 변화를 볼 수 있다.

炙茶·연차碾嗟·나차羅茶에 필요한 다구들은 사라지고, 근본적으로 다른 종류의 다구가 출현하였다.

흩어진 잎차 형태의 산차를 저장하고 배화焙火하는 다구들의 비중이 늘고, 차탁茶托과 작은 찻잔, 개완배蓋碗杯, 차호茶壺와 자사호紫沙壺가 등장하였다.

차호에서 우린 차탕을 여러 번에 걸쳐 나누어 마시게 되므로 자연히 찻잔의 크기가 작아지고 산차를 우린 차의 색이 돋보이는 경덕진景德鎭의 백자를 선호하게 되었다.

자사호는 의흥을 중심으로 명나라 중기에 **공춘供春***에 의해 시작되었다. 자사호에는 세 가지의 큰 특징이 있다.

첫째는 우려낸 차는 맛이 변하지 않으며, 둘째는 저장한 차는 색이 변하지 않으며 셋째는 쉽게 식지 않는다는 것이다. 공춘 이후에 시붕時朋·시대빈時大彬·진중미陳中美·이중방李中芳·진용경陳用卿·심군용沈君用·서우천徐友泉 등은 모두 명나라 때의 장인이었다.

불에 구워 만든 다구는 반짝이는 것이 마치 비단을 걸친 것 같다고 하여 금이나 옥과 동일시되었다. 이러한 걸작들은 유럽을 비롯한 아시아의 여러 나라에 전해지기 시작했다. 특히 타원형과 구형球形의 자사호는 해외의 차 애호가들에게 더욱 환영받았다.

명나라에서 청나라 초기에 혜맹신惠孟臣이 제작한 맹신호孟臣壺는 갈색을 띠었는데, 비록 조각은 되어 있지 않았으나 뜨거운 물을 부으면 점점 자주색을 띠어 진품으로 취급되었다.

1506~1566년에 살았던 사람으로 의흥 동남쪽 금사사金沙寺의 서동이었는데 금사사의 스님을 모시고 자사호를 만들기 시작했다. 그를 자사호의 시조라고 부르며 중국역사박물관에 수영호樹癭壺가 전해진다.

공춘자사호

만생호

청나라는 200년간 정치가 안정되었고 경제가 발전하였다. 남북으로 연결된 대운하를 따라 강 연안 북쪽에는 차사茶肆가, 강남에는 차관茶館이 생겼다. 산동·절강·강소·복건의 차관은 이미 문화·경제적 교류의 장소가 되어서 음차가 성행하고 다구 역시 이 전시대의 것은 골동으로 자리잡았다. 음차는 '일상다반사日常茶飯事'로 일상생활에 꼭 필요한 일이 되었다. 이와 동시에 차루茶樓도 큰 발전을 보았다.

증청에서 초청으로의 제차방법의 변화는 녹차 이외에 황차·백차·홍차·흑차를 만들었으며, 청차의 생산으로 6대 차류가 완성되었듯이 다양한 차의 출현은 음차법의 변화를 가져오고, 음차법의 변화는 다도구의 변화를 가져왔다.

명나라의 만력청화오단용자차완

명나라의 만력청화 청화운기문완

청나라 때 다구의 생산제작은 빠르게 발전하였다. 자사도기와 자기는 상호 경쟁적으로 다구의 범위를 확대해갔다. 강서성 경덕진의 자기제조업이 빠르게 발전하여 자기 생산부분을 주도하였다. 경덕진에 부량자국浮梁瓷局을 설치하여 관청에서 관장한 것은 원나라 때부터였다. 명나라와 청나라 때에는 황실에서 어요창御窯廠*을 설치해 관리를 파견하여 감독할 정도였다. 청나라 최고의 자기 제품이 경덕진에서 생산되었던 것은 궁정에서 사용할 자기에 지원을 아끼지 않았기 때문이다.

자사호 역시 정치·경제적으로 안정되었던 강희 년간에서 가

명나라에 있던 어기창御器廠은 순치順治 11년(1654)에 어요창이라고 개명하고 지방관을 파견하여 제작을 감독하였다.

5장_다구 195

청나라 때의 다양한 채색 차완

경년간까지 수많은 대가들이 배출되었다. 그 중에서 진명원陳鳴遠은 시대빈의 뒤를 이은 대사급 도예가이다. 그가 제작한 자사호는 정교함과 기교가 극에 달했고, 독특한 디자인이라고 할 수 있으며, 현존하는 속시삼우호俗詩三友壺 · 매간호梅干壺 등이 유명하다. 의흥 일대에는 자기 중 채색자기 외에 독일에서 들어온 법랑자기가 문인들 사이에서 애용되었으며 다구와 주구가 철저하게 분리되었다.

청나라의 음차법은 명나라와 마찬가지로 차를 우려 마시는 포차법으로 차를 마실 때 필요한 도구인 찻잔, 차호는 도기나 자기로 더욱 섬세하고 아름답게 제작되었다. 강희 · 옹정 · 건륭 황제 시대에 성행하였던 차호와 찻잔을 겸용으로 하는 개완배도 많은 인기를 끌었다. 지금도 화차나 오룡차 · 녹차를 마시기에 간편한 다구를 선호하고 있다.

강희 · 옹정 · 건륭으로 이어지는 130년 태평성세 이후 청나라 말기는 국내외적으로 우환이 끊이지 않아 몰락의 길을 걷기 시작했다. 자기의 생산량이 줄어들었으며 색상과 종류도 급속도로 감소하였다. 새로운 창작이라고 내세울 만한 성과도 없었고, 이 시기에는 일부 작품을 모방하는 선에서 그쳤다.

새로운 변화와 발전

오늘날의 다구는 외형적인 면과 질적인 면을 모두 갖추고 있다. 종류 또한 매우 다양하며 전체적인 조화를 중시하여 새로운 특징을 보이고 있다.

다양해진 종류와 새로운 제품 생산　근래 20년간 볼 수 있었던 다양한 다구의 종류와 새로운 변화와 발전은 남송관요다구南宋官窯茶具, 균요다구鈞窯茶具 등과 같이 전해지지 않는 고대의 유명한 다구를 성공적으로 모방한 것이다. 또 그 밖의 많은 유명한 다구를 개량하여 각각의 차와 맞는 다구세트를 갖출 수 있게 했다. 이는 차와 다구의 조화를 통해 차의 맛을 최상에 이르도록 하여 차 애호가로 하여금 차의 색채, 향기, 아름다움 등을 최대한 누릴 수 있게 하였다.

높아진 품위　기技와 예藝를 모두 갖추어 품위가 높아진 현대의 음차도구는 실용성뿐만 아니라 문화적 품위도 매우 중시하고 있다. 현대인들은 차의 맛과 다구를 동시에 음미하고 감상하면서 물질적·정신적 아름다움을 즐긴다. 장인이 배출되고 유명한 다구가 계속 출현함으로써 일부 장인의 작품들은 많은 사람들에게 인기가 있다. 그 밖에도 단순한 감상과 소장을 위해 금은·옥석·칠기·대나무 등으로 제작된 일품 다구도 등장했다.

조화가 잘 이루어진 다구는 보는 이의 눈과 마음을 즐겁게 한다. 다구세트에는 차반·차관·차주·차탁·개완蓋碗을 그 안에 포함한 개완 다구세트가 있으며, 현대에는 반盤·배杯·호壺·항缸을 포함한 유리 다구세트가 있다. 이외에도 자질瓷質이나 도질陶質·죽목竹木으로 만든 다구세트 등이 있다.

이러한 종류의 다구세트는 다구 본래의 섬세함과 아름다움을 간직하고 있을 뿐만 아니라 다구의 전체적인 완벽성과 배합의 조화도 중시되었다. 다구의 기능과 예술미의 발전은 차예茶藝가 추구하는 부분이기도 하지만 이것은 차문화를 더욱 풍요롭게 해 주었다.

다구의 종류

금속다구

　금속다구는 금·은·철·주석 등 금속재료로 만든 것으로 중국에서 최고로 오래된 다구 중 하나이다.
　남북조 시대에 금은다구가 출현했는데 당나라 때에 금은기구의 제작기술이 최고에 달했다. 섬서성 부풍현 법문사에서 출토된 유물에는 금은으로 만든 화려한 다도구들과 유리 및 금속제 다구가 있다. 원나라 이후 명나라에서 시작된 산차 음차법에 따른 도자다구의 발달로 인해 점차 금속다구는 사라지고, 주석병, 주석항아리와 같이 단지 저장기구로 남아 있다. 금속다구는 종이·대나무·나무·자기·도자기보다 밀폐성이 좋고 햇빛을 차단하여 산차를 오래 저장하는데 편리하였다.

자기다구

자기는 중국의 위대한 발명 중에 하나로 3천 년 이전인 상나라 시대에 원시 청자와 성숙된 청자가 완성되었다. 자기의 원료인 자토(고령토)는 철분 함량이 일반 흙보다 3퍼센트 이하로 도토의 철분 함량보다 낮다. 소성온도는 도토보다 높은데 약 1천200도 내외이다. 몸체는 견고하고 치밀하여 물을 흡수하지 않고 금속성의 청아한 소리가 난다.

남북조 시대나 당나라 때에는 청자가 유명하였으나 송나라 때에는 흑자가, 명나라 이후부터 요즘까지는 강서성 경덕진에서 생산되는 백자가 가장 유명하다. 저가의 상품은 광동성 조주 지방에서 생산되며 중가의 제품은 복건성 덕화지방에서 주로 생산된다.

자사다구 紫砂茶具

자사다구는 도기의 일종으로 새롭게 발전하였다. 송나라 때에 시작되어 명·청대에 융성하였으며 오늘날까지 이어지고 있다. 자사는 중국 의흥宜興 남부의 언덕과 산악지대에 넓게 분포되어 있는 점토질粘土質의 단단한 분사암紛砂岩의 광물질로 도자기를 만드는 흙이다.

의흥 자사호에 사용되는 색상은 자니紫泥·녹니綠泥·홍니紅泥 등으로 다양하다. 이들은 소성燒成단계를 거치면서 새로운 색채로 나타난다. 자사호는 기형 장식 기법과 예술성이 뛰어나 세계적인 명성을 떨치고 있는 다구이며 차를 우려내면 차의 맛과 색과 향을 가장 잘 보존하는 도자기다. 좋은 자사호는 두께가 두껍고 조형미가 있으며 1천200도 이상에서 구워서 소리가 맑고 깨끗하다. 많은 지역에서 자사호가 만들어지고 있는데 특히 의흥의 자사다구는 많은 차인들에게 사랑받고 있다.

칠기다구 漆器茶具

청나라 이래로 칠기다구의 주요 산지는 복건성의 복주福州였다. 그 중에서 북경의 조칠雕漆다구, 복주의 탈태脫胎다구, 강서의 파양波陽다구, 의춘宜春 등지에서 생산되는 탈태칠기다구 등이 유명하며 예술적 매력이 있다. 그 중에서 복주의 탈태다구가 가장 아름답다.

죽목다구 竹木茶具

수·당 이전에는 도기와 자기를 제외하면 민간에서는 음차도구를 대와 나무로 만들었다. 대와 나무는 가격이 싸고 제작이 간편할 뿐더러 차를 오염시키지 않고 인체에 해도 끼치지 않으며 경제적이어서 옛날부터 현재까지 차인들의 사랑을 받았다. 육우가 『다경』〈사지기四之器〉에서 열거한 28종의 다구 중 대나무와 나무로 제작된 것이 많다. 그러나 대나무로 만든 다구는 장시간 사용이 불가능하고, 오랫 동안 보존하기가 어렵다는 결점이 있다. 청나라 때에는 사천四川에서 실용가치가 높은 대나무공예품으로 만든 다구가 생산되었다. 중요 품목은 차배茶杯·차충茶盅·차반茶盤·차탁茶托·차호茶壺 등이다.

현대에 들어서는 대와 나무로 만든 다구는 많이 사용되지 않는다. 그러나 특별히 황양목黃陽木이나 이황죽二簧竹의 조각으로 만든 다관茶罐을 복건성 무이산 등지에서 만들며, 산수화를 그려넣은 나무로 만든 찻통도 생산한다. 죽목다구는 현재에도 실용가치가 있다.

유리다구

유리는 색깔이 아름답고 빛이 나서 사람들이 선호하는 재질로서 유리다구는 당나라 시대에 이미 제작이 시작되었지만, 현대에 들어서 크게 발전하였다. 유리다구는 여러 가지 형태로 가공이 쉽고 색깔이 아름다울뿐더러 차탕의 선명한 색을 감상하기 쉽고 우리는 과정에서 찻잎이 위 아래로 뜨고 가라앉는 것을 볼 수 있다는 장점이 있다. 다구에서 찻잎이 우러나는 것을 보면서 사람들은 예술적 감흥을 느낄 수 있다. 더구나 유리다구는 다른 다구에 비해서 가격이 저렴하여 소비자들로부터 크게 환영받고 있다.

차_우리기와 차예

차 우릴 때 중요한 요소

차를 우릴 때는 두발상태, 화장과 장식, 복장, 손의 자태, 몸의 자세, 차를 올리는 방법(거리, 높이, 안정감, 위치, 조심성) 등의 예의를 갖춰야 한다. 또한 차를 올릴 때에는 절을 하거나 '차 드세요(請喝茶)'라고 말한다.

차 우리는 시간

차를 뜨거운 물에 우린 후 3분이 되면, 찻잎에 있는 비타민·아미노산·카페인 등이 우러나오게 된다. 이런 물질들은 차를 마셨을 때 향이 맑고 순한 느낌을 주지만 부드러운 차 본래의

차 종류별 차 우리는 시간

차 종류	우리는 시간	비교
녹차·홍차	3~4분	순순한 맛 이외에도 카페인 등이 우러나도록 시간을 조금 여유 있게 둔다.
단아차單芽茶	8~10분	맛보다는 관상용
화차	2분	너무 오래 우리면 향이 날아간다.
보이차	15초	너무 오래 우리면 향이 날아간다.
오룡차	30~45초	찻잎이 많아서 오래 우리면 맛이 너무 강하다.
쇄차	10초	찻잎이 많아서 오래 우리면 맛이 너무 강하다.

맛은 부족하다. 5분이 되면 찻잎에 있는 폴리페놀 물질이 계속 우러나오는데, 이때 찻물을 마시게 되면 신선한 맛은 줄어들고 쓰고 텁텁한 맛 등이 상대적으로 늘어난다.

그러므로 신선한 맛을 가지면서 순하고 깊은 맛을 가진 차를 우리려면 녹차는 3~4분 우려서 마셔야 가장 좋은 맛을 얻을 수 있다.

차를 우리는 시간은 찻잎이 여리고 센 정도와 가공방법과 관계가 있다. 일반적으로 말하면 연한 찻잎은 센 찻잎에 비해 찻물이 쉽게 우러나므로 우리는 시간은 짧은 게 좋으며 반대일 때는 길어야 한다.

고급의 연한 명차는 찻잎의 양을 적당히 줄여야 할 뿐 아니라 다구도 작은 것을 골라야 하고, 물의 양도 적어야 하며 우리는 시간도 짧아야 한다. 그리고 우린 후에는 뚜껑을 덮지 않아야 한다.

향기를 중요하게 여기는 오룡차와 화차 들은 찻잎 우릴 때 향기를

차와 물의 비율		
차의 종류	찻물의 양	비교
녹차 · 홍차 · 화차	g당 50~60ml	
오룡차	g당 20ml	과립형은 자사호에 절반 정도 차를 채우면 적당하고 조형은 8-9부 정도 채우면 적당하다.
보이차	g당 20~30ml	긴압차는 조금 적게 넣으며 산차는 조금 많이 넣는다.
긴압전차	g당 30~40ml	
쇄차	g당 70~80ml	찻잎이 작아서 한 번 우릴 때 대부분 우러 나온다.

잃지 않게 하기 위해서 뚜껑을 덮어야 하며 우리는 시간은 보통 2~3분으로 더 이상 길면 향이 날아가게 된다.

긴압차 같은 각종 전차磚茶는 향기보다는 맛이 중요하므로 일반적으로 전자煎煮방법으로 차를 끓이고 심지어 장시간 차를 끓이는 방법을 사용하기도 한다.

홍차 중 홍쇄차紅碎茶는 대부분 밀크티로 만들고 녹차 중 과립녹차顆粒綠茶는 대부분 티백으로 만든다. 그것들은 가공과정 중에서 충분히 비벼지고 잘게 부셔져 끓는 물에 우리게 되면, 찻물이 거의 다 우러나 맛이 너무 진하고 쓰고 떫을 우려가 있으므로 우리는 시간을 짧게 하고 일반적으로 한 번만 우린다.

백차를 우릴 때는 끓는 물의 온도가 70도 정도가 좋다. 일반적으로 4~5분 후에 떠 있던 찻잎이 점차 가라앉기 시작한다. 이때 찻잎의 생김새와 잎이 가라앉고 뜨는 것을 관찰하고 각각 다른 찻잎의 생김새와 색을 감상함으로써 자신의 심신도 즐거움을 얻는다.

  일반적으로 10분이 되면 차를 마실 수 있게 된다. 그렇지 않으면 예술적 즐거움을 잃게 될 뿐 아니라 싱거워서 차맛을 제대로 즐기기 어렵다. 이것은 백차가 가공될 때 비벼지지 않고 세포가 부서지지 않아 찻물이 잘 우러나지 않기 때문에 우리는 시간이 상대적으로 길어야 한다.

차 우리는 온도

  일반적으로 차를 우리는 온도의 높고 낮음은 찻잎의 종류와 차를 만드는 원료와 밀접한 관계가 있다. 비교적 거칠고 쇤잎으로 가공된 차는 끓는 물에 바로 우리는 것이 적합하고, 작고 여린 잎으로 가공한 차는 온도를 낮춘 끓인 물로 우리는 것이 적합하다.

차 우리는 온도

차의 종류	물의 온도
연하고 부드러운 차	70~80℃
녹차 · 화차	80~85℃
홍차	90~95℃
오룡차	95~100℃
보이차	100℃

차 우리는 횟수

일반적으로 한 번 우려낸 찻잎으로 다시 차를 우릴 수 있는 횟수는 차의 종류에 따라 차이가 있다. 백차와 부서진 홍쇄차는 1번만 우리지만 오룡차와 보이차는 5~6회, 때에 따라서는 더 많이 우릴 수도 있다.

차 우리는 횟수	
차의 종류	횟수
대포차 · 홍쇄차	1회
홍차	2회
녹차 · 화차	2~3회
오룡차 · 보이차	5~6회
백차	2회

다기의 명칭

- 품명배品茗杯
- 공도배公道杯 (차해茶海/차충茶沖)
- 차호茶壺
- 차양관茶樣罐
- 배탁杯托
- 문향배聞香杯
- 차반茶盤

유리잔에 녹차 우리기

녹차는 중국의 가장 기본적인 차로 만들어진 역사가 오래 되었다. 또한 생산량도 가장 많으며 가장 일반적으로 마실 수 있는 차이다. 역사의 흐름에 따라 가공기술이 변하고, 각 민족의 풍습과 결합하면서 마시는 방법도 다양해졌다. 그러나 어떤 방법으로 우리더라도 반드시 녹차의 맑은 탕색과 찻잎의 특징을 가지고 있고, 맑은 향의 고유한 품격을 유지함과 동시에 녹차의 형태적 특징을 나타내야 한다. 이것은 적당한 물의 온도와 차에 적합한 다구, 우리는 기술과 우리는 방식이 적절해야 가능하다.

녹차의 특징은 빛깔은 푸르고, 향은 맑고, 맛은 달며, 찻잎 모양은 예쁘다.

용정차를 우릴 때는 용정차의 외형을 잘 감상하기 위해서는

백호은침

투명한 유리잔에 마시는 것이 좋다. 투명한 유리잔에 찻잎을 넣고 물을 부었을 때 찻잎이 변화하는 모습을 보는 것은 차를 마시는 것과 견줄 만한 즐거움이 있다.

유리잔을 이용해 벽라춘을 마실 때는 먼저 차를 넣고 물을 따르는 것보다는 잔에 물을 따라놓은 상태에서 차를 넣는 것이 좋다. 벽라춘은 제차과정에서 모毛가 많이 피어나도록 만들기 때문에 차를 넣고 물을 따를 경우 탕색이 흐려질 수 있다. 그러나 적당한 양의 물을 유리잔에 넣고, 적당한 온도에서 차를 넣으면 맑은 차탕과 함께 아름다운 어린 찻잎을 감상할 수 있다.

유리잔은 개완배에 비해서 향은 떨어질 수 있고, 뜨거울 때에 들기가 어려우며 깨지기 쉬운 결점이 있다. 뜨거운 열탕을 부었을 때 갑자기 유리가 팽창되어 깨지는 것을 방지하고, 차의 겉모양이 가늘고 납작하므로 탕색과 맛을 좀더 좋게 하려면 중투

군산은침

법中投法으로 차를 넣어야 한다. 즉 찻물의 2분의 1을 먼저 다관에 붓고 차를 넣은 다음 나머지 찻물을 넣는 방법이다. 두 단계에 걸쳐 우리면 되는데 이때 물의 온도는 80도 정도가 적당하다.

백호은침을 우리는 방법은 녹차와 기본적으로 같다. 그러나 비비고 덖는 과정을 거치지 않아 흰털로 덮여 있으며, 아교질로 싸여 있는 찻잎 표면의 세포벽이 상처를 입지 않고 온전하여 찻물이 쉽게 스며들지 않는다. 그러므로 우리는 시간을 비교적 길게 잡아야 한다. 끓인 물을 부으면 찻잎이 서서히 물을 머금으면서 아래위로 내려갔다 올라갔다를 반복하다가 약 5~6분 정도가

홍차

지나면 찻잎이 천천히 밑으로 가라앉는다. 이때 종류석순의 모양 같은 아름다운 광경을 보게 되는데, 이것을 감상하려면 긴 유리잔에 우려야 잘 감상할 수 있고, 우린 후 10분 정도가 지나면 백차의 진정한 맛을 맛볼 수 있게 된다.

군산은침君山銀針을 우릴 때는 찻잎이 바늘 같고, 우린 후 모양이 백호은침처럼 아름다워, 똑같이 긴 유리잔을 사용하면 쉽게 감상할 수 있다.

일반적으로 홍차는 일반적으로 가루홍차나 티백홍차를 많이 마신다. 다구는 흰색 도자기잔과 차받침에 차 숟가락을 쓰거나 유리잔을 쓰기도 한다.

● 녹차 우리는 순서

1
상대방에게 예를 다하여
인사한다.

2
차하에 차를 넣고 찻잎을
감상한다.

3
따뜻한 물을 3분의 1 정도 넣어 빙빙 돌리면서 잔을 데운다. 잔이 데워지면 물을 퇴수기에 버린다.

4
잎을 유리잔에 넣는다.

봉황삼점두鳳凰三點頭
탕관을 세 번 기울여 따르는 방법으로 물주전자를 높이 하여 잔의 10분의 7, 8까지 따른다. 이 기법은 ①차탕을 균일하게 해준다, ②물의 온도를 조절한다, ③예절, 존경을 표시한다, ④아름다우며 예술성이 풍부하다는 장점을 가지고 있다.

5
잔에 물을 4분의 1 정도 붓고 찻잎이 잘 펴지도록 잔을 돌려준다.

6
잔에 물 7부 정도를 **봉황삼점두 방법***으로 따른다.

7
손님에게 차를 드린다.

개완배에 오룡차 우리기

광동廣東 조산지역에서 나는 오룡차는 봉황단총鳳凰單叢·봉황낭채鳳凰浪菜·봉황수선鳳凰水仙 세 종류가 가장 유명하다.

이 지역 사람들은 오룡차를 좋아하고, 오래 마시다 보니 나름대로 독특하게 차 마시는 방법이 만들어졌다. 다구는 보통 도자기 재질의 둥근 차지茶池, 작은 개완, 정교한 도자기 재질의 작은 잔들로 이루어지는 것이 다른 지역과 구별된다.

개완은 기능적으로 볼 때 잔이 향을 흡수하지 않기 때문에 다양한 종류의 차를 우릴 수 있다.

봉황단총과 같이 잎의 형태가 길고 구부러진 경우에는 입구가 좁은 자사호에 차를 넣기가 힘들다. 이런 경우 개완을 이용하면 잎의 형태를 그대로 유지하게 하면서 차를 우릴 수 있고

향을 즐길 수 있다.

개완을 이용해 오룡차를 우릴 경우 거친 찻잎의 형태는 불투명한 찻잔으로 감추고 탕색과 향은 충분히 드러낼 수 있는 이점이 있다. 즉 차의 색·향·미는 충분히 나타내지만 찻잎의 형태는 보이지 않기 때문이다.

다구가 준비되면 먼저 찻잎을 감상한 후 끓인 물을 작은 개완 안에 넣고, 따뜻하게 씻어 물을 찻잔에 나누어 붓는다. 차의 양은 작은 개완의 3분의 2 정도 넣는 게 적당하다. 100도의 끓는 물을 개완에 넘칠 때까지 가득 붓고, 거품을 거둬내는데 고충법으로 물을 붓는다. 그런 다음 뚜껑을 덮어 두었다가 잠시 후에 탕물을 버린다. 다시 100도 끓는 물을 주전자를 높게 해서 차호에 붓고 뚜껑을 덮고 차호 뚜껑을 따라서 끓인 물을 돌려가며 붓는다. 이것은 차호의 온도를 좀더 높이고, 차의 향기와 맛도 더 잘 내기 위한 방법이기도 하다.

  잔을 데운 후 차를 나누어 마시는데 차는 잔에 가까이 낮게 따라야 차의 향기가 날아가지 않는다. 우려진 차는 모든 손님에게 똑같이 나눠야 하는데, 나누다가 차가 조금만 남더라도 그것도 똑같이 나눠야지 한 손님에게만 따라서는 안 된다.

  차를 마실 때는 먼저 향기를 맡고 색깔을 감상하고, 마지막에 마시는데, 뜨거울 때는 차를 세 번에 나누어 마신다.

  오룡차는 비교적 여러 번 우릴 수 있어서, "7번 우려도 차맛이 남아 있다"라고 한다. 우릴 때 상황에 맞게 몇 번 우릴 것인가를 결정한다.

  화차 우릴 때는 차의 향과 꽃의 향이 잘 어우러져서 서로의 향이 돋보일 수 있어야 한다. 그러므로 차를 마실 때는 향에 주의하며 자연의 신령스러운 기운을 음미해야 한다. 또 차의 원료가 곱지 못하고 외형이 비교적 떨어지므로 이러한 특성을 고려하여 다구를 선택하여야 한다.

●개완배에 오룡차 우리는 순서

1
찻잎을 감상한다.

2

끓인 물을 개완에 넣어 데운 후 찻잔에 나누어 따른다.

3

잔이 데워지면 물을 버린다.

4

찻잎을 개완에 넣는다. 작은 개완의 경우는 개완의 3분의 2가 적당하다.

5
끓인 물을 고충법으로 개완에 넘칠 때까지 가득 따른다.

6
끓는 물을 부어 생긴 거품은 개완 뚜껑을 이용해서 거둬내고 탕물을 버린다.

7
끓는 물을 봉황삼점두법으로 붓는다.

8

차를 잔에 골고루 나누어 따른다. 따를 때는 낮게 따라야 차의 향기가 날아가지 않는다.

9

손님에게 드리고 차를 마신다. 차를 마실 때는 먼저 향기를 맡고, 색을 감상한 후에 마시는데 뜨거울 때는 세 번에 나누어 마신다.

자사호에 보이차 우리기

　푸얼차라고 부르는 보이차는 외형이 특이하고 성질이 부드러워 약효가 좋으며, 품질이 우수하여 오래 두어도 변하지 않고, 오랫동안 우릴 수 있어서 끓여 마시거나 우려 마시기에 적합하다. 이런 이유 등으로 많은 사람들에게 사랑을 받으며 국내뿐만 아니라 해외에서도 유명하게 되었다.
　보이차를 우리는 데는 주로 자사紫砂다구를 쓰며 자사호로 우릴 경우 최대 10번까지 우린다.

　자사호는 보온성과 흡수력이 좋다. 자사호는 도기이기 때문에 찻잎에서 나오는 차액이 조금이나마 차호 자체에 배어든다. 차호 하나에 한 종류의 차를 계속해서 사용하면 차향이 차호에 배어 오랜 시간 동안 차호 자체가 차의 향이나 맛을 유지하게 된다. 그러나 다른 종류의 차와 혼용해 사용하게 되면 향기와 맛이 섞여 본래의 차맛을 느끼기 어렵게 된다.

여러 가지 흑차

● 자사호에 보이차 우리는 순서

1 차 우릴 준비를 한 후 상대방에게 예를 갖춰 인사한다.

2 우릴 찻잎을 차하에 넣어 감상한다.

3
찻잎을 자사호에 넣는다.

4
자사호에 끓는 물을 넘칠 때까지 가득 부어 데운다.

5
찻잔을 데운다.

6 찻잎을 씻은 자사호에 뜨거운 물이 넘칠 때까지 가득 붓고 뚜껑을 닫는다.

7 거품을 자사호 뚜껑으로 제거한다.

8 끓는 물을 자사호 위에 따라 내린다.

9
우려진 차를 잔에 골고루
나누어 따른다.

10
손님에게 대접한다.

11
맛을 음미한다.

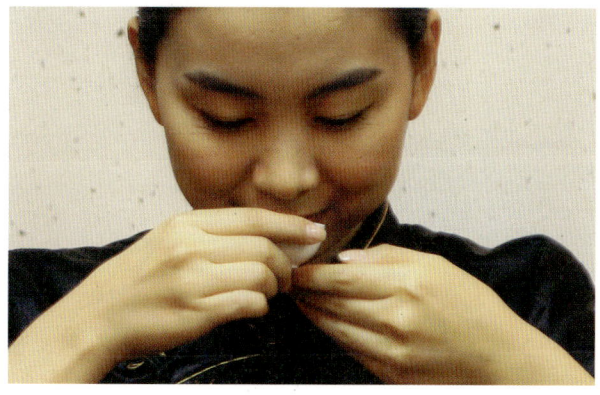

차예

육우가 『다경』에서 차를 체계적으로 정리한 이후로 차를 마시는 것은 일정한 체계를 이루게 되었다. 단지 갈증을 해소하려고 차를 마시는 것은 차의 가장 기본이지만 차를 음미하기 위해 차회를 여는 경우에는, 그것이 차예 시연이든지 생활 차예든지 모두 일정한 체계를 갖게 되었다.

그림을 감상하고 꽃을 감상하고, 향을 피우고 차를 마시는 것은 차예의 체계이다. 그림을 걸고(괘화掛畵), 꽃을 꽂고(삽화揷花), 향을 피우고(분향焚香), 차를 끓이는 것(점차點茶)은 하나의 체계로서 이 네 가지가 모두 잘 갖추어져야 차예가 실현되는 것이다.

'괘화'는 육우의 『다경』에서도 중요한 일로 생각하였다. '괘화'의 출현은 비교적 늦었는데, 정식으로 그림과 차가 서로 결합한 것은 당나라 때이다. 이에 비해 향을 피운 역사는 더 빨라서,

중국 안휘농업대학교 차학과 차예시연실의 내부 모습(오른쪽그림)

진한秦漢 시대에 이미 출현하였다. 괘화, 삽화, 분향, 품명品茗이 네 가지가 같이 출현한 것은, 당나라 이후이지만 송나라 때에 점점 더 발전하여 명나라 때에 완성되었다.

차예와 음악

중국의 고대 사대부들이 중요시했던 네 가지 덕목은 거문고, 바둑, 붓글씨, 그림인데 그 중에서도 거문고를 으뜸에 놓았다. '거문고'는 음악을 대표하고 있는데, 유가儒家에서는 음악을 배우면 자신의 정서를 함양하고 소양을 높이며 자신의 인생여정에 즐거움과 행복을 더해 줄 수 있다고 해서, 음악을 모든 문화의 필수과목으로 여겼다. 중국의 역사상 뛰어난 인물들은 거의 모두가 음율, 악기에 뛰어나지 않은 사람이 없었다.

순자荀子가 『악기樂記』 중에서 말하길, "덕은 인성의 발단이고, 음악은 덕의 찬란한 꽃이다"라고 하여, '악樂'을 '덕의 꽃'의 높이로 올려서 이해했으니, 고대 군자들의 수신과정에서 음악의 중요성을 충분히 엿볼 수 있다.

차예시연의 과정에서도 음악을 사용하여 예술적 분위기를 형성하는 것을 중요시한다. 음악 중에서도 특히 중국고전 명곡이 정감과, 스스로 즐기는 것, 생명을 향유하는 것을 중시하기 때문에 중요하게 여긴다. 지금은 배경음악을 호텔, 식당, 차실 등에서 모두 일반적으로 사용하고 있지만, 대부분 분위기에 맞게 트는 정도이다. 그러나 중국차예에 사용하는 음악은 인간이 자연을 사랑하는 정신을 불러일으키고, 인문정신의 재창조를 촉진시킬 수 있도록 심혈을 기울여 선곡한 곡이어야 한다. 차예관에서 듣기에 가장 적합한 음악은 아래와 같다.

중국의 고전명곡   중국의 고전명곡들은 구성지고 의미가 깊고 여운이 있어서, 사람의 심금을 울리는 아름다움이 있다. 각기 다른 곡이 나타내는 경지가 서로 다르므로, 차예관에서는 계절, 날씨, 시간, 손님의 신분이나 차회茶會의 주제에 따라서 적절하게 선택하여야 한다. 예를 들어, 달 아래의 아름다운 경치를 노래한 것으로는 〈춘강화월야春江花月夜〉·〈월아고月兒高〉·〈예상곡霓裳曲〉·〈채운추월彩雲追月〉·〈평호추월平湖秋月〉 등이 있다.

산수를 읊은 노래로는 〈유수流水〉·〈회류匯流〉·〈소상수운瀟湘水雲〉·〈유곡청풍幽谷淸風〉 등이 있다.

그리운 정을 읊은 것으로는 〈새상곡塞上曲〉·〈양관삼첩陽關三疊〉·〈정향행情鄕行〉·〈원방적사념遠方的思念〉 등이 있다. 새소리를 담은 것으로는 〈해청나천아海靑拿天鵝〉·〈평사낙안平沙落雁〉·〈공산조어空山鳥語〉·〈자고비鷓鴣香〉 등이 있다.

고전음악의 정취에 익숙해져야 차를 마시는 사람이 배경음악에 이끌려 자연으로 돌아가게 하고, 음악을 통하여 차를 마시는 사람의 마음과 차와의 대화를 가능하게 하며, 자연과의 대화를 촉진시킬 수 있다.

심혈을 기울여 만든 대자연의 소리   산 속 샘의 물소리, 작은 개울 흐르는 소리, 비가 파초잎을 때리는 소리, 대나무 숲의 바람소리, 가을 벌레 우는 소리, 여러 가지 새소리, 소나무 숲의 바람소리,

파도소리 등을 정성껏 녹음하여 만든 매우 아름다운 음악을 가리켜 '대자연의 소리'라 부른다.

  이러한 음악들은 일반 통속음악의 오락성을 뛰어넘고, 자연의 아름다움이 사람의 영혼 속으로 들어가게 하여, 차를 마시는 사람의 마음 속에 숨겨져 있던 미적 공감을 불러일으키고, 차 마시는 것을 봄바람에 목욕하는 듯한 아름다운 경지로 이끈다.

차예와 복장

  의복은 옷을 입은 사람의 성격과 심미안을 나타내 주고 차예시연의 효과에도 영향을 준다. 차예시연 중에서 의복은 먼저 시연하려는 차의 내용과 조화를 이뤄야 한다. 그 다음은 스타일, 가공기술, 재질과 색감이다.

  궁정차예는 궁정차예에 맞는 품위가 있고, 민속차예는 민속차예에 맞는 격조가 있다. 일반적인 차예로 말하자면 시연자는 고유의 복장을 입는 것이 맞고 '서양옷'을 입는 것은 맞지 않다. 공식적인 차예 시연장소에서는 시연자는 시계를 낄 수 없고, 너무 많은 장신구를 지니는 것은 맞지 않다. 향이 있는 화장품을 사용하거나 진한 화장을 해서도 안 되며 손톱에 매니큐어를 바르는 것도 안 된다. 그러나 여성 시연자의 경우 옥팔찌를 하게 되면 고상한 맛이 자연스럽게 더해질 수 있다.

  차예 시연자의 용모와 행동 역시 매우 중요하다. 머리가 길면 뒤로 묶어서 긴 머리가 흘러내지 않도록 해야 한다. 남성 시연자가 만약 양복을 입었다면 넥타이는 잘 매어야 하고, 신발을 벗어야 하는 장소이면 깨끗한 양말을 미리 준비해야 한다. 이렇듯 모든 세심한 부분까지도 생각해야 한다.

차예 시연자는 시연하는 내용에 맞게 반드시 차예의 내용, 의복의 형태, 시연자의 연령, 몸매, 얼굴형, 머리모양, 머리카락의 상태 등을 검토하여 전체적으로 조화를 이루도록 해야 한다.

차예와 꽃꽂이

차실茶室의 꽃꽂이를 '차실지화茶室之花' 혹은 '차회지화茶會之花'라고 한다. 차를 마시는데 꽃을 끌어들인 것은 송나라 때부터 시작되었으며, 당시에는 분향, 괘화, 꽃꽂이, 점차 등을 총칭하여 '생활사예生活四藝'라고 불렀다.

차실의 꽃꽂이는 일반적으로 자유형 꽃꽂이 형식을 취하고, 꽃을 담는 용기는 그릇, 쟁반, 항아리, 통筒, 바구니 등으로 선택할 수 있다. 용기는 작고 정교하고 단조로운 것으로 선택하면 차를 마시는 환경을 돋보이게 하여 주인의 마음을 잘 나타낼 수 있고 계절이나 차회의 주제를 드러낼 수도 있다.

차를 마실 때 꽂는 꽃을 '차화茶花'라고 한다. 차화는 서재나 일반 실내에 두는 꽃보다 소박한 문인들의 꽃 감상형식의 하나다. 차화에 있어서 중요한 것은 품격이며 소중하게 여기는 것은 사물 자체에 마음을 두지 않아야 하며 마음속에 내재된 정신을 담아내야 한다.

차화의 예술적인 품성은 '청淸(맑음)'과 '원遠(그윽함)'으로 조용하고 소박하여 범속을 초탈하는 순결한 정취를 추구한다. 그러므로 차를 마실 때 꽃을 감상하기 위해 꽂는 차화는 평범하고 단조로워야 한다.

꽃꽂이 방법은 단순하고 소박함을 위주로 하는 평범한 기법이 좋은데 꽃과 용기가 잘 어우러져 사람의 마음을 감동시킬 수 있어야 한다.

차화를 꽂는 틀은 받침대, 받침판, 꽃꽂이탁자, 기타 도구가 갖추어져야 한다. 꽃꽂이대의 발이 없는 경우는 받침대가 있어야 하고, 발이 있는 경우는 받침대 없이 직접 받침판만 사용하면 된다. 받침판에 꽂은 차화는 주인의 오른쪽 뒤에 놓는 것을 원칙으로 하며, 한 쪽 팔길이 정도의 거리가 좋다.

차화는 정적인 관상품으로, 화목花木은 간결하고 고아한 것으로 작은 것이 좋고 정교하게 표현해야 한다. 가지는 깨끗하고 복잡하지 않으며, 꽃은 흰색이거나 반만 피어 있으면서 생기 있어 보이는 것이 좋다. 가지와 잎사귀가 홀수이면 마음에 여운을 갖게 한다. 짝수일 경우 한 잎은 뒷면이 보이는 '반엽半葉'으로 만들어 홀수가 되도록 한다. 그리고 비교적 낮은 위치에 놓아 앉은 자세에서 편안히 감상할 수 있어야 한다.

작고 정교한 꽃꽂이 작품은 정신과 마음을 한곳에 집중하게 하고 생각을 가라앉혀 작은 것을 통하여 큰 것을 볼 수 있고 대자연의 아름다움을 드러낼 수 있어야 한다.

차예와 향 피우기

중국 사람이 향을 피운 역사는 매우 오래되어 일찍이 전국戰國 시대에 시작되었으며, 한나라 때에는 이미 전문적으로 향을 피울 수 있는 향로가 있었다.

향을 피우는 방법 향을 피우는데 필요한 도구는 향을 피우는 방식에 따라 연소燃燒, 훈자熏炙, 자연발산 등 세 가지로 나눌 수 있다. 연소시키는 향으로는 향초香草나 침향목沈香木으로 만든 향환香丸·선향線香·반향盤香·환향環香·향분香粉이 있고, 훈자하는 향으로는 용뇌龍腦 등 수지樹脂성 향이 있으며, 자연발산하는 향으로는 향유香油와 향화香花 등이 있다.

향 원료의 종류 향의 원료는 매우 많다. 식물성·동물성·합성성 등 3종이 있다. 식물성의 향료로는 모향초茅香草·용뇌龍腦·침향목·강진향降眞香 등이 있다. 동물성 향료로는 용연향龍涎香·사향麝香 등이 있다. 합성성 향료는 화학반응을 거쳐서 만들어진 향료이다. 이들 향료들로 만들어진 향은 향기를 발산하는 방식에 따라 여러 가지 형상을 띠는데, 예를 들면 향목괴香木塊, 향환, 선향, 향분 등이 있다.

향 도구의 선택 분향焚香은 향을 태워서 향기를 발산하는 것이므로 차를 마시며 분향할 때 쓰는 향과 향 도구는 다음을 고려하여 선택한다.

① 찻잎을 고려한다. 진한 향의 차는 비교적 진한 향을 태워야

하며, 그윽한 향의 차에는 비교적 연한 향을 태워야 한다.

② 시간과 공간을 고려하여 선택한다. 봄철과 겨울철은 비교적 진한 향을 태우고, 여름과 가을에는 비교적 연한 향을 태운다. 차를 마시는 공간이 크면 진한 향을 태우고, 공간이 좁으면 비교적 연한 향을 태운다.

③ 분향에는 향 도구가 필요한데, 차를 마실 때 쓰는 향 도구로는 향로香爐가 최적이다.

④ 분향은 발산하는 향기 이외에 연기도 매우 중요하다. 향이 다르면 그 연기도 다르며, 향 도구가 다르면 향의 연기도 다르므로 하늘하늘 오르는 향의 연기와 연기가 만들어내는 분위기를 감상하는 것도 그윽한 생각과 아름다움을 즐기는 일이다.

향의 형상 4대 향의 형상 가운데에는 선향과 향분의 형상이 비교적 많다. 선향은 횡식橫式 선향과 직식直式 선향, 반향盤香, 향환香環 등이 있다. 직식 선향에서는 죽롱竹籠이 딸린 것과 딸리지 않은 것이 있는데, 죽롱이 딸리지 않은 선향은 한 줄로 이어져 있어서 배향排香이라고도 한다. 직식선향은 또 주향柱香이라고도 한다. 향분은 또 낱알모양으로 뜨거운 탄 위에 뿌려서 발산되는 향기와 연기로 나눌 수 있다. 그 밖에 향분을 일정한 모양으로 찍어서 불을 붙이는 것이 있는데 이를 '향전香篆'이라고 한다.

차예의 시연 때는 전체적인 조화에 주의를 기울여야 하는데, 특히 분향이 그렇다. 예를 들어, 꽃에는 고유의 향이 있어서 강렬한 향을 피우면 꽃의 생기를 손상시킬 수 있다. 그러므로 꽃 아래에서는 향을 피우지 않는다.

향을 피우는 탁자는 꽃보다 높아야 하는데, 꽃꽂이와 분향은 되도록이면 거리를 멀리 두어야 한다.

차예와 차괘 茶掛

육우陸羽『다경茶經』의 마지막 편인『십지도十之圖』에서 "『다경』을 네 폭 또는 여섯 폭의 비단에 나누어 그림을 그리고 차 마시는 모든 자리 옆에 걸어 놓는다……차의 역사와 차의 산지와 차 그릇……. 이렇게 되니『다경』은 모두 갖추어지게 되었다"라고 했다.

차를 마실 때에 벽에 그림이 걸려 있으면 차에 대한 지식도 더욱 잘 알게 되었다는 것이다. 이로부터 송나라 때까지 변화·발전하였다.

일반적으로 차괘는 꽃그림을 걸지 않는 것을 원칙으로 한다. 만약 사실적인 그림인 경우, 색이 현대 이전의 차괘나 명나라 이후 글씨 종류의 두루마리 차괘가 고고高古한 것을 추구하고 필묵筆墨이 탈속적인 경우에는 색상설정을 너무 화려하거나 거칠고 어울리지 않아 주객이 전도되는 것을 피하여야 한다. 표구는 두루마리 형태가 가장 좋고, 병풍이 그 다음이다.

명나라 이후 차괘는 붓글씨 두루마리 형태가 많았는데, 내용은 계절, 시간 그리고 마시는 차의 종류와 차회茶會에 참가하는 사람들과 차회의 성격 등을 고려하여 맞추어야 한다. 차괘는 단폭으로 하나만 거는 것이 유행했으며, 차실의 전면에 거는 것을 원칙으로 했다.

7장 품_평

품평의 시작은 송나라 이래로 법령을 반포하여 차 검사가 이루어진 기록이 있으며 감각과 관능에 의한 검사는 1915년부터 시작되었다. 제일 먼저 절강浙江 온주溫州에서 차엽검사처를 설립하여 잘못된 차를 검사하고, 규정된 품질 외의 차 수출을 금지하였다.

1931년에 상해의 상품검사국에서도 차엽검사과를 설치하였다. 그리고 한구·광주 등 무역이 이뤄지는 도시에서는 품질과 수분 함량, 부서진 정도, 불순물 함유 정도 등에 대해 차엽 수출검사를 하였다. 1936년에는 안휘성의 기문과 둔계지역에서 생산된 차에 대한 검사를 실시하였고, 1937년에는 절강성 평수平水·온주, 복건성의 복정福鼎·하문廈門 등의 지역에 차엽검사기구를 설립했다.

중화인민공화국이 설립된 후 1950년 중국 무역부 상품 경험국에서 수출차에 대한 통일된 기준을 만들었고 잇달아 중국 내수판

매에 따른 여러 종류의 차 기준도 제정함으로써 관능검사의 실질적 규정을 만들었다.

차의 품평에는 크게 관능품평과 이화理化품평이 있다. 관능품평이란 감관感官 검사라고도 하는데 이는 품질을 검사하는 방식 중 하나다. 즉 전문인이 시각·후각·미각·촉각을 이용하여 품질의 좋고 나쁨을 판단하는 것이다. 관능검사는 상당한 훈련과 경험에 의한 기능이 필요하여, 심사원의 심신 상태, 분위기 등에 영향을 받을 경우 개인차가 생기기 쉬운 심사법이기도 하다. 장점으로는 빠른 속도와 편리성을 들 수 있으며, 단점으로는 주관적 판단이 우려된다.

이화품평은 차의 이화학적 분석결과를 활용하는 방법으로 물리적으로는 차의 무게와 부피, 색과 굴절률 등을, 화학적으로는 폴리페놀, 농약 정도, 차탕 향기, 아미노산 등의 내용을 활용할 수 있다. 객관적이며 공정한 분석으로 인위적 영향을 적게 받는 장점이 있지만, 설비가 필요하고 과정이 복잡하며, 향의 품질 특성을 반영하기 어려운 단점이 있다.

과학적인 품질 측정으로 얻어진 값은 후각·시각·미각·촉각 등 온몸을 이용한 관능검사 결과의 특성과 충분히 조화로운 연계를 가질 때 정확하고 공정한 평가기준이 되며 신뢰받는 차의 품평이 된다. 그러나 아직 중국에서는 이화품평보다는 관능품평이 주로 실시되고 있으므로 여기서는 관능품평에 대한 내용만을 다루고자 한다.

품평의 목적

차를 품평한다는 것은 관능검사, 성분분석 등의 다양한 방법을 통하여 찻잎 품질의 검사와 등급을 정하는 것으로 궁극적인 목표는 제차과정의 개선을 통하여 우수한 차를 생산하고 소비자에게 양질의 차를 공급하여 소비시장을 확보하는 데 있다. 특히 관능품평은 오랜 훈련을 거친 전문인이 시각·후각·미각·촉각을 이용하여 품질의 좋고 나쁨을 판단하는 것이다. 정확한 평가를 위해서는 품평사는 제차과정은 물론이고, 차가 생산되는 지역이나 기후 및 소비동향 등 차에 대한 전문 지식을 필요로 한다.

품평실의 환경

실외환경 품평은 두 종류 이상의 비슷하거나 다른 종류의 차를 똑같은 조건하에서 외형의 모양이나 색깔, 우려진 탕색, 향과 맛 그리고 우린 잎을 평가해야 한다. 그러므로 품평실은 실외환경이나 실내환경에 세심한 주의가 필요하다. 실외환경은 조용하고 건조한 곳이 좋다. 특히 습기가 많은 곳에서는 공기가 잘 통하는 2층이 좋다. 주변에 공해와 오염이 없어야 하며 음식점 등이 이웃에 없어야 한다. 또 색을 판별하기 위해서는 항상 일정한 빛을 유지할 수 있는 북향으로 시야가 넓은 곳이 좋다.

실내환경 조용하고 안정된 곳으로 습하지 않고 쾌적하며 정결해야 좋다. 그러므로 바닥은 타일이나 나무소재가 좋으며 실내장식은 차분한 것이 좋다. 공기가 신선하고 통풍이 잘 되는 적당한 크기의 창으로 햇빛이 직접 들어오지 않도록 하면서 빛의 밝기가 700룩스 정도를 유지하는 것이 좋다. 건식 품평대는 더 밝아서 1000룩스, 습식 품평대는 750룩스가 되어야 하며 실내온도는 20±5도, 실내습도는 70±5퍼센트가 좋다.

품평 도구

품평실에는 건평대乾評臺, 습평대濕評臺, 샘플차 보관함, 품평배品評杯, 품평완品評碗, 품평반品評盤, 엽저반葉底盤, 품평수저(茶匙), 걸름망수저, 전기주전자, 품평저울(天平), 타이머(Timer), 품평 보조사발(湯碗), 버림컵과 통, 품평기록표 등이 있다.

건평대 마른 찻잎의 외형, 색상, 균일도 등을 품평하는데 사용되는 건평 품평대로서 높이는 900밀리미터, 폭은 600~700밀리미터로 바탕색은 검은색으로 북쪽 창 밑에 설치한다.

습평대 품평배와 품평완을 놓고 우려진 차의 색, 향, 맛, 우린 잎을 심사하는 습평 품평대로 높이는 800밀리미터 정도가 적당하며, 건평대보다 100밀리미터 낮고 폭도 약간 좁아서 450~600밀리미터로 바탕색은 흰색이다. 건평대와 약 1.0~1.2미터의 간격을 두어 습평을 하면서 건평대의 차를 참고로 할 수 있도록 한다.

품평반 마른차의 샘플을 담는 흰색의 나무그릇으로 차를 담기에 편리하도록 한쪽 모서리가 터져 있는데 심평반 또는 샘플반이라고도 한다. 냄새가 없는 나무를 선정하여 흰색을 칠하고 품평차가 섞이는 것을 막기 위해 일련번호가 매겨져 있다.

품평반은 정사각형(230×230×30mm)과 직사각형(250×160×30mm) 두 종류가 있다.

품평배 차를 우리고 향을 심사하는 원형의 백자 다관으로 두께나 크기, 색상이 일정하여야 한다. 품평배의 용량은 150밀리리터로 바닥 바깥 표면에는 번호가 있다. 품평배는 두 종류가 있는데 잔의 손잡이 맞은편 윗부분 테두리에 톱니바퀴처럼 생긴 톱날형은 일반적인 차를 품평할 때 사용한다. 그러나 청차와 같이 잎이 큰 경우에는 둥그런 활형을 사용한다. 또한 청차는 110밀리리터의 개완배를 사용하기도 하고, 모차 품평시에는 200밀리리터 품평배를 사용하기도 한다.

품평완 품평배에 우린 차탕을 따라서 차탕색과 맛을 심사하는

품평완

사발로 입지름이 밑부분보다 조금 넓은 백자로 품평배와 마찬가지로 일련번호가 있다.

엽저반 우린 찻잎을 심사하기 위한 검은색의 작은 나무판(100mm×100mm×20mm)으로 품평배에서 우린 찻잎을 담고 찬물을 부어 심사한다.

차샘플 저울 대표성을 띠는 3그램의 차를 정확히 측정하는 저울로서 0.1그램까지 측정 가능한 것이어야 한다.

타이머 5분간의 차 우리는 시간을 재기 위한 것으로 정확하게 5분 후에 울리는 시계여야 한다.

품평 보조사발 백자로 된 작은 사발로 품평완보다 약간 크다. 사발 속에 차수저, 걸름망 수저 등을 넣고 품평시 끓는 물을

차샘플 저울

부어 소독과 청결을 유지한다.

차 수저 차탕의 맛을 품평하는 것으로 백자 수저가 좋다. 금속 수저는 열전도가 빨라 품평에 나쁜 영향을 주므로 피한다.

걸름망 수저 차탕 속의 찌꺼기나 거품을 건져내는 망이 있는 수저로 잡내가 없어야 한다.

물주전자 물을 끓일 수 있는 주전자로 알루미늄 재질이 좋으며 용량은 2.5~5리터 정도로 품평용 차의 수에 따라 크기를 정한다.

버림통 차 찌꺼기 또는 품평한 차를 버리거나 품평할 때 뱉어내는 차탕 등을 담는 통으로 위가 넓고 아래가 좁은 것이 좋다.

품평용 물

물은 샘물, 강물, 우물물, 빗물, 눈물, 호숫물, 지하수 등과 수돗물, 증류수, 무이온수 등 다양하다. 물의 종류에 따라 용해되어 있는 물질이 다르기 때문에 우려낸 찻물의 품질에 각각 다른 영향을 준다. 품평용 물은 음용위생 표준조건을 갖춘 것이어야 한다.
투명하고 침전물이 없으며, 맛과 냄새가 없는 같은 물로 사용하여 100도의 끓인 물을 사용하나 명차名茶를 음미할 때는 80도로 한다.

품평원의 자질

전문지식을 갖출 것 차나무 품종, 제차방법 및 기술, 차의 종류와 품질 등 차나무 재배에서부터 제차과정까지 모든 공정과 품질형성에 필요한 관계를 이해하고 있어야 올바른 평가를 할 수가 있다. 뿐만 아니라 차의 시장이나 지역적으로 선호하는 차를 파악하여 차의 제조, 공급, 소비 등 여러 방면의 전문지식을 습득하여야 한다.

체질 조건 관능품평은 오감을 이용한 품평이므로 후각신경이 정상으로 만성비염과 같은 질병이 없어야 한다. 시력 역시 0.5 이상 정상이어야 하며 색깔을 구분하지 못하는 색맹이나 색약이 없어야 한다. 소화기능이 정상이고, 폐결핵이나 간염 같은 만성 전염병과 위장병이 없어야 한다. 특히 암내가 나는 사람은 차를 품평하기 어렵다.

섭취물에 유의 흡연은 차의 맛과 향을 분별하는 판단력을 약화시키고, 방향물질이 많고 맛이 진한 술은 심사의 정확도를 떨어뜨린다. 마늘과 파와 같이 강한 향신료와 단 음식은 미각을 둔하게 하므로 정확한 차맛을 감별하는데 영향을 준다. 너무 기름기가 많은 음식도 피해야 하며 생당근을 섭취 후 4시간 내에는 차를 품평할 수 없다. 평소에 항생제를 복용하면 중추신경이 자극되기 때문에 미각이 둔해져 맛을 분별할 수 없다. 이외에도 과식이나 폭음을 해서는 안 되고, 생선류와 육류도 자제하는 것이 좋다.

품평의 순서와 방법

샘플 채취의 정확성 및 대표성

1차(대량) 샘플 채취 샘플을 채취하는 방법에 있어, 검사할 때 마다 그 많은 샘플을 채취할 수는 없으므로 전체 차 검사 건수의 비율에 따라 샘플 채취 건수를 다르게 한다.

모차毛茶는 3분의 1 이상 샘플 채취를 하고 정제차는 1~5건에서 1개, 6~50건에서 2개, 50건 이상에서 매 50건마다 1개, 500건 이상에서 매 100건마다 1개, 1000건 이상에서 매 500건마다 1개의 샘플을 채취한다. 매 샘플을 채취할 때마다 검사 대상차 중에서 상·중·하 그리고 좌·우로 한번씩 고르게 채취한다. 샘플을 채취한 후에는 매건을 모두 모아서 4등분으로 나누고 대각선 방향의 차는 갖고 나머지는 탈락시키는 방법의 과정을 반복해서 마지막에 남는 500그램만 샘플로 남긴다.

2차(소량) 샘플 채취 500그램의 찻잎 중 약 200그램을 품평반에 넣고 잘 섞은 뒤, 다시 대표성이 있는 찻잎 3~5그램을 채취해 품평하는데 사용하며, 이것은 몇 십 건 혹은 몇 백 건의 차를 대표한다.

품평반의 사용 품평반을 가볍게 흔들고 돌려줌으로써, 찻잎을 상·중·하단으로 골고루 펼치게 하여 찻잎의 외형을 쉽게 한다. 품평할 샘플을 잘 섞어 상·중·하단으로 나눠지게 한 후 외형 심사 항목에 따라 찻잎의 색상, 밝고 투명한 정도, 크기, 무게, 여리고 거친 정도, 말려진 정도를 평가한다.

마른 찻잎의 외형 품평

마른 찻잎의 외형심사는 준비된 500그램의 샘플차 중에 약 200~250그램을 품평반에 넣고 잘 흔드는 요반을 하여 상·중·하단으로 골고루 펼쳐진 찻잎을 관찰한다. 상·중·하단 부분의 차를 여린 정도, 형태, 색상, 명도, 온전한 정도, 혼잡물이 있는지 여부를 보는 청결도 등 다양한 방법으로 찻잎의 좋고 나쁨을 판별하고 평가한다.

습평(내질 품평)

품평반 중심의 찻잎을 정확하게 3~5그램의 샘플을 채취하여 미리 준비한 품평배에 넣고, 100도의 끓는 물을 부은 후 뚜껑을 닫고 정확히 시간을 잰다. 시간에 맞춰 품평완에 곧바로 따라 낸 후 다음과 같은 순서로 평가한다.

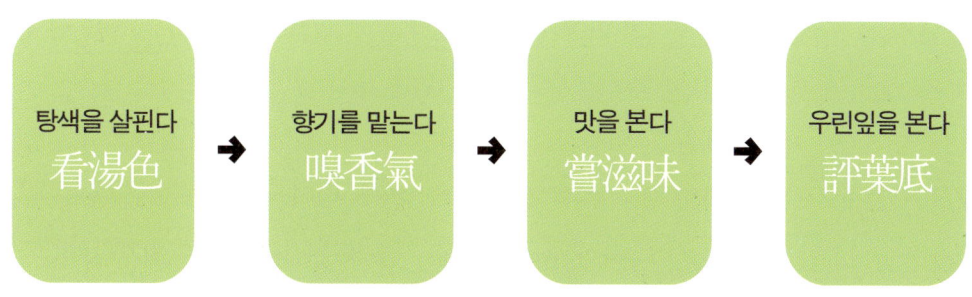

　탕색 보기 우려낸 찻물 색깔인 탕색을 품평할 때에는 광선의 강약, 품평완의 두께와 크기 등 외부적 요소의 영향을 받는다. 심사 항목은 색도, 명도, 탁도를 보는데 빠르고 정확하게 보는 것이 필요하다.

　향기 맡기 품평배를 손으로 잡고 코에 가까이 댄다. 뚜껑을 열고 매번 2~3초 동안 깊게 1~2번 숨을 들여 마신다. 찻잎에 들어 있는 각종 향기 성분마다 향기가 나기 시작하는 온도가 다르기 때문에 휘발하는 시간도 다르다. 그래서 찻잎의 향기 심사는 여러 번에 걸쳐 실시해야 정확성을 기할 수 있다.

　맛보기 찻물이 50도 정도로 식으면, 큰 스푼에 반 정도(약 5~8㎖) 취하여, 입 안에 넣고 찻물을 혀에서 진동시켜 혀의 각종 부위에 접할 수 있게 한다. 심사는 맛의 자극성이 높고 낮은 진한 정도, 추출된 물질의 많고 적음을 나타내는 차의 맛 중 두터운 정도, 개운함과 떫음, 순수한 맛과 잡맛이 섞였는지를 평가한다.

우린 잎 보기 중요한 심사부분으로 시각과 촉각을 이용하여 평가한다. 1차 가공차(毛茶)는 주로 우린 잎을 보고 내적 품질을 평가한다. 경험이 풍부한 심사위원은 우린 잎만으로도 차의 품종이나 재배환경, 가공기술 등을 알 수 있기 때문에 우린 찻잎은 모차를 평가할 때 아주 중요한 역할을 한다. 심사는 찻잎의 여린 정도, 두터운 정도, 색상과 균일 정도, 찻잎의 온전한 정도를 평가한다.

품평의 실제

서호용정

西湖龍井 | 절강성 항주 | 녹차

구분	품평
외형	취록색으로 납작하고 곧고 바르며 윤기가 있으며 고루 가지런하다. 翠綠鮮潤扁平挺直 光潔均整
향기	향기가 깊고 그윽하며 청향이 있다. 馥郁清香, 幽而不俗
탕색	탕이 맑으며 녹색을 띤다. 同清色綠
맛	달고 신선하며 순화된 깊은 맛이 난다. 鮮醇和
우린 잎	어린 잎으로 균일하며 꽃봉오리와 같다. 嫩綠, 均齊成朵

안길백차

安吉白茶 | 절강성 안길현 | 녹차

구분	품평
외형	황색을 띤 투명한 녹색으로 윤기가 나고 엉성하게 말린 것이 자연스러워 마치 봉황의 날개와 같다. 綠中透黃 色油潤 條索自然 形爲鳳羽
향기	향기가 진하여 오래 유지된다. 馥郁持久
탕색	탕색은 살구빛 노란색을 띤다. 湯色杏黃
맛	신선하고 상쾌한 맛이 달고 순하다. 鮮爽甘醇
우린 잎	잎은 옥같이 흰색을 띤 노란색으로 잎맥은 취록색을 띠고 있다. 黃白似玉, 筋脈翠綠

경산차

徑山茶 | 절강성 여항 | 녹차

구분	품평
외형	취록색의 어린 싹으로 단단하게 말려 있으며 흰털이 보인다. 翠綠 細嫩 緊結 顯毫
향기	달콤하고 깊은 향으로 밤향이 난다. 甘醇栗香
탕색	옅은 녹색으로 맑고 빛이 난다. 嫩綠瑩亮
맛	달고 순하며 상쾌한 맛이 입가에 돈다. 甘醇爽口
우린 잎	어린 잎이 고루 가지런하며 꽃봉오리와 같다. 細嫩均整成朶

장흥 자순차

長興 紫筍茶 | 절강성 장흥 | 녹차

구분	품평
외형	밝은 녹색으로 희끗한 털이 보이며 싹과 잎이 서로 싸안고 있는 모습이 마치 난꽃과 같다. 綠翠 銀毫顯露 芽葉相抱似筍 形似蘭花
향기	맑은 향기가 높다. 淸高
탕색	맑고 밝으며 윤기가 돈다. 淸澈明亮
맛	신선하고 깊으며 감칠맛이 돌고 달착지근하다. 鮮醇甘甛
우린 잎	옅은 녹색으로 부드럽고 연하다. 嫩綠柔軟

개화용정

開化龍頂 | 절강성 개화현 | 녹차

구분	품평
외형	은색과 녹색이 함께 나타나며 곧고 단단하게 말려져 있다. 銀綠銀翠 白毫顯毫 條索緊結挺直
향기	신선한 여린향이 맑고 그윽하다. 鮮嫩淸幽
탕색	살구빛이 도는 녹색으로 맑고 밝다. 杏綠淸澈
맛	신선하고 순하며 달고 상쾌한 맛이 난다. 鮮醇甘爽
우린 잎	잎이 가지런하고 고르다. 成朶勻齊

금장혜명

金獎惠明 | 절강성 경령현 | 녹차

구분	품평
외형	흰색털이 취색의 차싹을 감싸고 있으며 튼실한 싹이 단단하게 말려 있다. 翠綠顯毫 肥壯緊結
향기	맑은 향이 오래 지속된다. 淸高持久
탕색	맑고 밝고 깨끗하다. 淸澈明淨
맛	신선하고 상쾌하며 달고 순한 맛이 깊다. 鮮爽甘醇
우린 잎	어린 싹이 고르며 꽃봉오리를 이룬다. 嫩均成朶

임해반호

林海蟠毫 | 절강성 임해 | 녹차

구분	품평
외형	은색털이 진한 녹색의 잎을 감싸고 있으며, 단단하게 반쯤 둥글게 말려져 있다. 銀綠隱翠 緊結, 蟠曲顯毫
향기	신선한 어린싹의 향기가 오래 지속된다. 鮮嫩持久
탕색	옅은 녹색이 맑고 밝다. 嫩綠淸澈
맛	신선하고 상쾌한 맛이 깊으며 오래 지속된다. 鮮爽醇厚
우린 잎	옅은 녹색이 꽃봉오리를 이룬다. 嫩綠成朶

천도옥엽

千島玉葉 | 절강성 순안 | 녹차

구분	품평
외형	취록색의 어린 싹이 노란색을 띠며 가지는 바르고 납작하다. 싹은 튼실하고 흰털이 보인다. 翠綠嫩黃 條直扁平 芽壯顯毫
향기	향기는 맑고 좋으며 좋은 향기가 오래 지속된다. 香氣淸高 雋永持久
탕색	탕색은 맑고 밝다. 湯色明亮
맛	신선하고 상쾌한 맛이 깊고 오래간다. 鮮爽醇厚
우린 잎	튼실한 잎이 고루 가지런하다. 厚實均齊

황산 녹목단

黃山 綠牧丹 | 안휘성 흡현 | 녹차

구분	품평
외형	밝은 취록색으로 마치 꽃과 같이 다발형이다. 翠綠 呈花朶狀
향기	맑은 청향이 난다. 淸香
탕색	황녹색으로 밝고 윤기가 돈다. 黃綠明亮
맛	깊고 상쾌한 맛이 난다. 醇爽
우린 잎	옅은 녹색으로 그 형태가 마치 모란꽃과 같다. 嫩綠 形如牧丹花

황산모봉

黃山毛峰 | 안휘성 황산, 흡현, 휘녕 | 녹차

구분	품평
외형	황록색으로 윤기가 나며 작설과 같은 모양으로 흰털이 보인다. 黃綠油潤 形似雀舌 白毫顯露
향기	맑은 향이 깊고 그윽하다. 淸香馥郁
탕색	황록색으로 맑고 투명하며 밝은 빛이 돈다. 黃綠淸澈明亮
맛	신선한 맛이 깊고 입에 상쾌함이 느껴진다. 鮮醇爽口
우린 잎	어린싹은 노란색으로 여리고 부드럽다. 嫩黃柔軟

육안과편

六安瓜片 | 안휘성 육안, 금채, 곽산 | 녹차

구분	품평
외형	녹색으로 표면에 하얀 서리가 내린 것 같고 하나의 잎으로 이루어져 있으며 잎줄기가 없으며 잎이 뒤쪽으로 말려 있다. 寶綠色 富有白霜 單片 不帶芽梗 葉邊背捲順直
향기	맑은 향이 오래 지속된다. 淸香持久
탕색	푸른 녹색으로 맑고 투명하며 빛이 난다. 碧綠 淸澈明亮
맛	깊고 신선한 맛으로 뒷맛이 달다. 鮮醇 回甘
우린 잎	노란잎이 맑고 빛나며 부드럽다. 黃綠明亮 柔軟

태평후괴

太平猴魁 | 안휘성 태평현 | 녹차

구분	품평
외형	파란 녹색으로 곧고 길며 납작하고 무게감이 있다. 흰털을 감추고 있는 듯하다. 蒼綠 挺直 扁平重實 白毫伏
향기	깊고 그윽한 향이 코를 스친다. 幽香撲鼻
탕색	살구빛이 감도는 녹색으로 맑고 윤기가 난다. 杏綠淸亮
맛	깊고 그윽하며 상쾌하며 뒷맛이 달다. 醇厚爽口而回甘
우린 잎	싹이 튼실하고 부드럽다. 肥厚柔軟

용계화청

涌溪火靑 | 안휘성 경현 | 녹차

구분	품평
외형	반원형에 가깝고 단단하게 말린 것이 무게감이 있다. 呈腰圓 緊結重實
향기	약간 검은색을 띠며 윤기가 돌며 흰색 털이 보인다. 墨綠 油潤顯毫
탕색	맑은 향기가 높고 신선하며 상쾌한 향기가 난다. 淸高鮮爽
맛	맛은 깊고 순하며 감칠맛이 나고 달다. 醇厚而甘甛
우린 잎	살구빛 황색으로 어린싹이 가지런하다. 杏黃 勻嫩整齊

노죽대방

老竹大方 | 안휘성 흡현 | 녹차

구분	품평
외형	짙은 녹색으로 갈색을 띠며 윤기가 난다. 납작하고 균일하여 마치 용정차와 비슷하다. 深綠褐潤 扁平均齊 近似龍井
향기	밤향이 난다. 栗香
탕색	옅은 황색을 띤다. 淡黃
맛	맛이 짙고 깊으며 상쾌한 여운이 있다. 濃醇爽口
우린 잎	어린 싹이 고르고 황녹색을 띤다. 嫩均 黃綠

정계난향

丁溪蘭香 | 안휘성 경현 | 녹차

구분	품평
외형	어린 차의 연한 녹색이 진한 취색의 녹색을 싸고 있다. 튼실하고 싹이 보인다. 嫩綠隱翠 壯實顯芽
향기	맑은 향이 오래 지속된다. 淸香持久
탕색	옅은 황색을 띤 녹색으로 밝고 빛이 난다. 嫩黃綠明亮
맛	신선하고 깊은 맛이 난다. 鮮醇
우린 잎	어린 녹색으로 꽃봉오리를 이룬다. 嫩綠成朶

벽라춘

碧螺春 | 강소성 오현시 | 녹차

구분	품평
외형	흰빛이 나는 털로 감싸진 녹색으로 잘 말려져 있는 싹이 섬세하고 마치 소라처럼 꼬부라져 있다. 銀綠隱翠 條索纖細 捲曲呈螺
향기	꽃과 과일향이 난다. 嫩香芬芳
탕색	아주 연한 녹색으로 맑고 투명하다. 嫩綠淸澈
맛	신선하며 깊은 맛이 난다. 鮮醇
우린 잎	싹은 크고 잎은 작으며 어린 차의 녹색으로 부드럽고 고르다. 芽大葉小 嫩綠柔均

태호취죽

太湖翠竹 | 강소성 무석 | 녹차

구분	품평
외형	밝은 취록색으로 윤기가 나고 가지런한 형태로 납작한 것이 대나무 잎과 비슷하다. 翠綠油潤 條形扁似竹葉
향기	맑은 향이 높으며 오래 지속된다. 淸高持久
탕색	맑고 투명하며 밝고 윤기가 난다. 淸澈明亮
맛	신선하고 상쾌한 맛이 감칠맛이 나며 은근하다. 鮮爽甘醇
우린 잎	어린 잎이 고르고 가지런하다. 嫩綠均整

남경 우화차

南京 雨花茶 | 강소성 남경 | 녹차

구분	품평
외형	짙은 녹색으로 단면이 둥글고 곧고 단단하게 말린 것이 마치 송침과 같다. 翠綠 條索緊細圓直 形似松針
향기	짙은 향이 높고 우아하다. 濃郁高雅
탕색	녹색을 띠고 맑다. 綠而淸
맛	신선하고 깊은 맛이 난다. 鮮醇
우린 잎	어린 잎이 고르고 밝고 빛이 난다. 均嫩明亮

무석호차

無錫毫茶 | 강소성 무석 | 녹차

구분	품평
외형	은색 털로 덮여 녹색 잎이 감춰진 모습으로 둥글게 말려 있고 튼실하다. 銀綠隱翠 條形捲曲肥壯 白毫披覆
향기	연한 향이 오래 지속된다. 嫩香持久
탕색	녹색을 띠며 밝고 빛난다. 色綠明亮
맛	신선하고 깊은 맛이 난다. 鮮醇
우린 잎	어린 싹이 부드럽고 고르다. 嫩綠柔均

금산취아

金山翠芽 | 강소성 진공시 | 녹차

구분	품평
외형	진한 초록색으로 납작하며 곧다. 털이 눌려서 흰색 털이 보인다. 翠綠 扁平挺直 顯毫
향기	향이 좋고 오래 지속된다. 香高持久
탕색	녹색이면서 밝고 맑다. 綠而明亮
맛	진하고 순한다. 濃醇
우린 잎	튼실하고 고르며 어린 싹은 노란빛을 띤 녹색이다. 肥均嫩綠

여산운무

盧山雲霧 | 강서성 노산 | 녹차

구분	품평
외형	녹색의 윤기가 돌며, 단면이 둥글고 곧으며 털이 많다. 綠潤 條索圓直 多毫
향기	신선하고 상쾌한 향기가 오래 지속되며 난꽃향이 난다. 鮮爽而持久 有蘭花香
탕색	맑은 탕색이 밝으며 윤기가 돈다. 淸澈明亮
맛	깊은 맛이 상쾌하다. 醇爽
우린 잎	어린 잎이 고르고 가지런하다. 嫩綠均齊

부래청

浮來靑 | 산동성 부래산 | 녹차

구분	품평
외형	짙은 녹색으로 윤기가 나며 구부러져 있다. 가늘고 단단하게 말려 있다. 翠綠油潤 捲曲細緊
향기	밤향이 진하며 오래 지속된다. 栗香明顯
탕색	짙은 노란색으로 밝고 윤이 난다. 黃綠明亮
맛	진하고 깊은 맛으로 상쾌한 맛이 난다. 濃醇乾爽
우린 잎	싹이나 잎이 온전하며 연한 녹색이 선명하다. 芽葉完整 嫩綠鮮活

신양모첨

信陽毛尖 | 하남성 신양현 | 녹차

구분	품평
외형	선명한 녹색으로 가늘고 팽팽하다. 흰털이 보인다. 翠綠 外形細緊 白毫顯露
향기	맑은 향이 높고 오래 지속되며 익은 밤향이 난다. 淸香高長略 有熟板栗香
탕색	짙은 황색으로 밝고 윤기가 돈다. 黃綠明亮
맛	신선하고 진하며 상쾌하다. 鮮濃爽
우린 잎	어린 잎이 고르고 가지런하다. 細嫩均整

은시옥로

恩施玉露 | 호북성 은시 | 녹차

구분	품평
외형	짙은 파란색의 녹색을 띠며 윤기가 난다. 단면이 둥글게 곧게 잘 말려 있으며 흰털이 보인다. 蒼翠潤綠 條索緊圓挺直 毫白顯露
향기	맑은 향이 좋다. 淸高
탕색	옅은 녹색으로 밝고 맑다. 嫩綠明亮
맛	깊은 맛과 단맛이 어우러진 맛이다. 醇和回甘
우린 잎	초록색의 연한 빛으로 고르고 가지런하다. 綠亮均整

고교은봉

高橋銀峰 | 호남성 장사 | 녹차

구분	품평
외형	녹색의 잎을 은색 털이 덮어서 이슬내린 것과 같으며 어린 잎이 잘 말려져 있고 가지런하다. 翠綠 緊細捲曲均整 銀毫顯露
향기	맑은 향이 오래 지속되며 솜털향이 난다. 淸香持久
탕색	맑고 청아하며 약간 노르스름한 빛을 띤다. 淸亮
맛	신선하고 순하며 뒷맛이 달다. 鮮醇回甘
우린 잎	고르며 어린 잎은 밝은 색이다. 均嫩明亮

도균모첨

都均毛尖 | 귀주성 도균 | 녹차

구분	품평
외형	녹색의 윤기를 띠며 흰색털로 덮여 있다. 구부려져 잘 말려 있으며 고르고 가지런하다. 綠潤 條索捲曲 均整顯毫
향기	맑은 향이 난다. 淸香
탕색	맑고 투명하며 빛난다. 淸澈明亮
맛	신선하고 진하다. 뒷맛이 좋고 감칠맛과 단맛이 난다. 鮮濃 回味甘恬
우린 잎	싹은 튼실하고 밝은 초록색을 띤다. 肥壯明亮

죽엽청

竹葉靑 | 사천성 아미산 | 녹차

구분	품평
외형	어린 싹의 밝은 녹색으로 납작하며 곧고 수려하다. 털이 눌러서 흰빛을 띠기도 한다. 嫩綠油潤 扁平光滑 挺直秀麗
향기	맑은 향이 깊고 그윽하다. 淸香馥郁
탕색	연한 녹색으로 밝고 맑다. 嫩綠明亮
맛	신선하며 순하고 상쾌한 맛이 난다. 鮮嫩醇爽
우린 잎	어린 싹의 노란빛을 띠는 녹색이다. 嫩黃明亮

정화 백호은침

政和 白毫銀針 | 복건성 정화 | 백차

구분	품평
외형	흰색 털이 많아 은과 같은 광택이 나고 싹은 튼실하고 크다. 곧고 반듯하여 바늘과 같다. 毫多毫白如銀 銀綠有光澤 芽壯肥碩 挺直似針
향기	솜털향이 신선하다 毫香新鮮
탕색	탕색이 노랗고 옅다. 淺黃
맛	깊은 맛이 나고 입이 상쾌하다. 醇厚爽口
우린 잎	어린잎이 고르고 가지런하며 색은 녹색이다. 嫩均完整 色綠

백목단

白牡丹 | 복건성 건양, 정화, 송계, 복정 | 백차

구분	품평
외형	회색을 띤 녹색 잎이 흰색 털이 있는 싹 중심을 싸고 있다. 深灰綠 綠葉夾銀白毫心
향기	솜털향이 난다. 毫香明顯
탕색	살구색에 가까운 밝은 빛을 띤다. 杏黃
맛	신선하고 깊은 맛이다. 鮮醇
우린 잎	잎은 길고 튼실한 싹으로 싹과 잎이 연이어져 있다. 탈색된 녹색을 띤다. 葉張肥嫩 芽葉連枝 葉底淺綠

백호은침

白毫銀針 | 복건성 민동 | 백차

구분	품평
외형	순수한 은백색 또는 은회색으로 싹 하나로 이루어진 침 형태로 고르고 가지런하다. 潔白如銀 色澤銀灰 單芽均整 條秀如針
향기	솜털향이 난다. 毫香顯
탕색	살구빛과 같이 약간 붉은 색이 도는 녹색이다. 杏黃
맛	신선하고 순하며 뒷맛이 달다. 鮮醇回甘
우린 잎	튼실하며 부드럽다. 肥嫩柔軟

막간황아

莫干黃芽 | 절강성 덕청 | 황차

구분	품평
외형	녹색에 약간 황색이 도는 가는 세작으로 싹은 튼실하고 흰털이 많다. 綠潤微黃 細如雀舌 芽壯顯毫
향기	맑은 향이 그윽하며 우아하다. 淸香幽雅
탕색	황색이 돌면서 맑고 투명하다. 嫩黃淸澈
맛	신선하고 상쾌하며 깊고 순수한 맛이다. 鮮爽醇和
우린 잎	누런색의 꽃봉오리 같다. 嫩黃成朶

곽산황아

霍山黃芽 | 안휘성 곽산 | 황차

구분	품평
외형	녹색에 황색을 띤 어린 싹으로 털이 많아 작설과 같다. 潤綠泛黃 細嫩多毫 似雀舌
향기	맑고 깊은 향이 나고 아취가 있다. 淸幽高雅
탕색	연한 녹황색이 맑고 투명하다. 綠黃而明亮
맛	신선하고 깊은 맛이 나며 뒷맛이 달다. 鮮醇回甘
우린 잎	황록색의 어린 싹이 고르다. 黃綠嫩均

몽정황아

蒙頂黃芽 | 사천성 명산 | 황차

구분	품평
외형	황색의 윤기가 나며 곧고 납작하다. 흰털이 눌려 덮여 있기도 하다. 嫩黃油潤 扁平挺直
향기	단향이 나며 진하고 그윽하다. 恬香濃郁
탕색	황색이 돌며 밝은 빛이 난다. 黃亮
맛	달고 순하다. 甘醇
우린 잎	누런 잎이 고르고 가지런하다. 嫩黃均齊

군산은침

君山銀針 | 호남성 동정호 | 황차

구분	품평
외형	황녹색으로 싹은 곧고 납작하며 흰털이 많고 균일하다. 黃綠 芽壯挺直 均整露毫
향기	맑은 향이 진하고 깊다. 淸香濃郁
탕색	살구빛을 띠면서 밝고 깨끗하다. 杏黃明淨
맛	감칠맛이 나며 달고 깊은 맛이 어울어진 맛이다. 甘恬醇和
우린 잎	누런색이 밝으며 고르고 가지런하다. 黃亮均齊

대홍포

大紅袍 | 복건성 무이산 | 청차

구분	품평
외형	갈색빛을 띤 녹색으로 가지는 성글고 고르고 가지런하다. 綠褐鮮潤 條索均整 壯實
향기	난꽃향이 난다. 蘭花香
탕색	금황색을 띠고 맑고 투명하다. 金黃淸澈
맛	달고 맑으며 순하다. 甘澤淸醇
우린 잎	부드럽고 가장자리는 붉은색이고 가운데는 녹색을 띤다. 軟亮 邊紅中綠

무이수선

武夷水仙 | 복건성 무이산 | 청차

구분	품평
외형	갈색빛을 띠는 검은색으로 고르고 가지런하며 잘 말려져 있고 약간 푸스스하며 튼실하다. 烏褐油潤 條索均整 緊結 粗壯
향기	진하고 깊은 향기가 나며 난꽃향이 난다. 濃郁鮮銳 具蘭花香
탕색	등황색으로 맑고 투명하다. 橙黃淸澈
맛	순수하고 진하며 매끄럽고 달고 상쾌하다. 醇濃 鮮滑甘爽
우린 잎	부드럽고 빛이 나며 녹색 잎에 약간 붉은색을 띤다. 軟亮葉緣微紅

무이육계

武夷肉桂 | 복건성 무이산 | 청차

구분	품평
외형	갈색빛이 도는 푸른색으로 잘 말려져 있으며 고르고 가지런하며 튼실하다. 靑褐鮮潤 條索均整 緊結 壯實
향기	계화향이 난다. 桂花香
탕색	금황색으로 맑고 투명하다. 金黃淸澈
맛	신선하고 매끄러우며 달고 부드럽다. 鮮滑甘潤
우린 잎	누런색으로 잎 가장자리가 붉은색이다. 黃亮 紅邊顯

백기란

白奇蘭 | 복건성 무이산 | 청차

구분	품평
외형	노란색이 도는 갈색으로 단단하게 잘 말려져 있으며 고르고 가지런하며 아름답다. 褐黃油潤 條索緊結 均整美觀
향기	향기가 강하고 꽃향이 난다. 高强細長 似花香
탕색	등황색이다. 橙黃
맛	맛은 순하고 깊으며 달고 상쾌하다. 醇厚甘爽
우린 잎	부드럽고 빛이 난다. 軟亮

철라한

鐵羅漢 | 복건성 무이산 | 청차

구분	품평
외형	갈색이 도는 검은색으로 붉은색 반점이 보이고 잎은 잘 말려져서 가지런하고 푸스스하면서 튼실하다. 烏褐 紅斑顯 條索均整 緊結 粗壯
향기	향기가 진하고 신선하다. 濃郁鮮銳
탕색	등홍색으로 밝고 빛이 난다. 橙紅明亮
맛	진하고 강하다. 濃醇
우린 잎	부드럽고 약간 붉은색을 띤다. 軟亮微紅

안계 철관음

安溪 鐵觀音 | 복건성 안계 | 청차

구분	품평
외형	녹색의 윤기가 돌며 붉은빛이 선명하며 튼실하며 구슬처럼 둥글게 잘 말려져 있으며 고르고 가지런하다. 砂綠油潤 紅點鮮濃 肥壯圓結 沈均整
향기	진한 향기가 오래 지속되며 난꽃향이 풍부하다. 濃郁持久 富蘭花香
탕색	금황색으로 밝고 빛이 난다. 金黃明亮
맛	순하고 깊으며 달고 신선하여 뒷맛이 오래 간다. 醇厚甘鮮 回甘悠長
우린 잎	여리고 부드러우며 두텁고 가장자리가 붉은색이다. 軟亮 肥厚紅邊

황금계

黃金桂 | 복건성 안계 | 청차

구분	품평
외형	밝은 노란색으로 단단하게 구슬처럼 말려져 있고 고르고 가지런하다. 金黃明亮 緊細捲曲 均整
향기	향기가 높고 맑은 향이 오래간다. 高强淸長
탕색	금황색으로 밝고 빛이 난다. 金黃明亮
맛	맑고 순하며 신선하고 상쾌하다. 淸醇鮮爽
우린 잎	황녹색으로 잎 가장자리가 붉은색으로 밝고 부드럽다. 黃綠色 紅邊明顯 尙柔軟明亮

모해

毛蟹 | 복건성 안계 | 청차

구분	품명
외형	녹색에 붉은 점이 선명하고 튼실하며 잘 말려 있어서 무겁고 실하다. 砂綠油潤 紅點鮮艷 肥壯緊結 重實
향기	진하고 깊으며 신선한 향기가 난다. 濃郁鮮銳
탕색	옅은 금황색으로 밝고 빛이 난다. 金黃明亮
맛	깊고 순하며 달고 신선한 맛이다. 醇厚甘鮮
우린 잎	황록색으로 부드럽다. 黃綠 柔軟

영춘불수

永春佛手 | 복건성 영춘 | 청차

구분	품명
외형	녹색을 띠고 윤기가 나며 무겁고 튼실한 반구형이다. 砂綠油潤 肥壯重實 呈半球狀
향기	향기가 짙고 그윽하며 오래 지속된다. 馥郁幽長
탕색	금황색으로 밝고 맑다. 金黃明亮
맛	달고 순하다. 甘醇
우린 잎	부드러우며 황색의 윤기가 난다. 柔軟黃亮

영두단총

嶺頭單叢 | 광동성 조안, 요평, 매안 | 청차

구분	품평
외형	약간 황색을 띤 녹색으로 윤기가 있으며 곧고 길게 잘 말려져 있다. 黃褐油潤 條索緊直
향기	진하고 깊은 향기가 오래 지속되며 꿀향이 난다. 高銳濃郁持久 具峰密香
탕색	금황색으로 밝고 빛이 난다. 金黃明亮
맛	순하고 상쾌하며 뒷맛이 달고 꿀맛이 오래 지속된다. 醇爽回甘 密味久長
우린 잎	가운데는 녹색이고 가장자리는 붉은색을 띠고 있다. 綠腹紅鑲邊

봉황단총 밀란향

鳳凰單叢 密蘭香 | 광동성 조안 | 청차

구분	품평
외형	황갈색의 윤기가 있으며 곧고 길게 잘 말려져서 무게감이 있다. 黃褐油潤 條索緊直 重實
향기	진하고 깊은 향기가 지속되며 꽃과 꿀향, 난꽃향이 난다. 濃郁持久 花蜜香和蘭花香
탕색	등황색으로 밝고 빛이 난다. 橙黃明亮
맛	신선하고 상쾌하며 깊고 순하다. 鮮爽醇厚
우린 잎	가운데는 녹색을 띠고 가장자리는 붉은색을 띤다. 綠腹紅邊

송종 투천향 단총

宋種 透天香 單叢 | 광동성 조안 | 청차

구분	품평
외형	갈색의 윤기가 나며 잘 말려져 있고 고르다. 鱔褐油潤 條索肥碩 均稱
향기	꽃과 과일향이 난다 花果香
탕색	등황색으로 밝고 빛이 난다. 橙黃明亮
맛	달고 순하며 상쾌한 입맛이 난다. 甘醇爽口
우린 잎	가운데는 녹색을 띠고 가장자리는 붉은색을 띤다. 綠腹紅邊

백호 오룡차

白毫 烏龍茶 | 대만 신죽, 묘율 | 청차

구분	품평
외형	홍·황·백·녹·갈색의 다섯 가지가 섞여 있으며 차싹은 튼실하고 크며 흰털이 덮여 있다. 紅·黃·白·綠·褐 五彩相間 茶芽肥大 白毫顯露
향기	익은 과일향과 벌꿀향이 난다. 熟果香或蜂蜜香
탕색	등홍색의 밝고 맑은 호박색이다. 橙紅明亮 呈琥珀色
맛	달고 순하다. 甘醇
우린 잎	투명한 붉은색이다. 紅亮透明

금훤

金萱 | 대만 남투현 | 청차

구분	품평
외형	녹색으로 단단히 말린 반구형이다. 綠色 緊結 半球
향기	옅은 우유향이다. 淡奶香
탕색	금황색으로 밝고 빛이 난다. 金黃明亮
맛	진하고 순하며 상쾌한 맛이다. 濃醇爽口
우린 잎	녹색 잎의 가장자리가 약간 붉은색이다. 綠底微紅邊

대우령

大禹嶺 | 대만 화련 | 청차

구분	품평
외형	녹색으로 단단히 말린 반구형이다. 砂綠 緊結重實 半球狀
향기	맑은 향과 배꽃향이 난다. 清香, 梨花香
탕색	금황색으로 밝고 빛이 난다. 金黃明亮
맛	진하고 순하며 상쾌한 맛이다. 濃醇爽口
우린 잎	녹색 잎의 가장자리가 약간 붉은색이다. 綠底微紅邊

목책 철관음

木柵 鐵觀音 | 대만 목책 | 청차

구분	품평
외형	갈색이 많이 도는 녹색으로 단단히 말려진 구형이다. 綠褐起霜 條索緊結 捲曲成球
향기	과일향과 탄향이 난다. 果實香
탕색	짙은 황색으로 밝고 빛이 난다. 深黃明亮
맛	순하고 깊은 맛이 달고 매끄럽다. 약한 과일의 신맛이 있다. 醇厚甘滑 弱果酸味
우린 잎	진한 암갈색으로 잎이 온전하다. 祿褐 葉片完整

중경타차

重慶沱茶 | 사천성 중경 | 흑차

구분	품평
외형	푸른빛이 도는 갈색으로 반구형의 사발형태이다. 青褐油潤 半球形娅碗臼狀
향기	오래된 향이 깊고 그윽하다. 陳香馥郁
탕색	등황색으로 밝고 빛이 난다. 橙黃明亮
맛	순하고 깊으며 단맛이 조화를 이룬다. 醇厚甘和
우린 잎	비교적 어린싹이 고르다. 較嫩均

보이산차

普洱散茶 | 운남성 하관 | 흑차

구분	품평
외형	붉은색이 도는 갈색으로 잎 표면에는 하얀색이 있고, 잘 말려진 잎이 튼실하다. 褐紅 葉表起霜 條索粗壯 肥大
향기	오래 묵은향이 난다. 陳香
탕색	진한 붉은색으로 밝고 빛이 난다. 紅濃明亮
맛	순하고 깊으며 뒷맛이 달다. 醇厚回甘
우린 잎	붉은빛이 도는 갈색으로 돼지 간의 색과 비슷하다. 褐紅 呈深豬肝色

죽통향차

竹筒香茶 | 운남성 맹해 문산 | 흑차

구분	품평
외형	청갈색으로 원통형이다. 靑褐色 圓柱狀
향기	대나무의 맑은 향이 난다. 有竹葉淸香
탕색	등홍색으로 밝고 빛이 난다. 橙紅明亮
맛	신선하고 상쾌하며 달고 순하다. 鮮爽甘醇
우린 잎	옅은 황색으로 밝다. 嫩黃明亮

구곡홍매

仇梘紅梅 | 절강성 항주 | 홍차

구분	품명
외형	검은색으로 윤기가 나며 가늘게 말린 것이 매우 아름답다. 烏潤 條索細緊而秀麗
향기	향기가 높다. 香高
탕색	짙은 붉은색으로 밝고 빛이 난다. 紅艷明亮
맛	순하고 맛이 깊다. 醇厚
우린 잎	붉은색으로 부드럽다. 紅明嫩軟

기문홍차

祁門紅茶 | 안휘성 기문 | 홍차

구분	품명
외형	검은색으로 윤기가 나며 가늘게 말린 것이 고르고 가지런하다. 烏潤 條索細緊均齊
향기	신선하고 달고 과일의 단향이 있다. 鮮甛淸快 有果糖香
탕색	붉은색으로 밝은 빛이 난다. 紅亮
맛	순하고 신선하고 상쾌한 맛이 난다. 醇和鮮爽
우린 잎	여리고 고르며 밝은 빛이 난다. 嫩均明亮

영덕홍차

榮德紅茶 | 광동성 영덕 | 홍차

구분	품평
외형	검은색으로 윤기가 나며 가늘게 말린 것이 균일하다. 단단하며 무겁고 가지런한 모습의 아름다움이 있다. 烏潤 條索細緊 身骨重實 均整優美
향기	진하고 순수한 향기가 난다. 濃郁純正
탕색	진한 붉은색으로 밝고 윤기가 난다. 紅艷明亮
맛	순하고 깊으며 달고 매끄럽다. 醇厚恬潤
우린 잎	붉은색으로 빛이 난다. 紅亮

전홍공부

滇紅工夫 | 운남성 봉경 임창 | 홍차

구분	품평
외형	털이 금황색으로 빛나고 단단하게 잘 말려진 끝부분 싹이 매우 아름답다. 毫峰金黃閃爍 條索緊結 鋒苗秀麗
향기	여린 향이 나고 진하고 그윽한 향이 오래 지속된다. 嫩香 濃郁持久
탕색	짙은 붉은색으로 밝고 빛이 난다. 紅艷明亮
맛	신선하고 진하며 순하다. 鮮濃醇
우린 잎	하나의 싹이 붉은색으로 부드럽다. 單芽 紅艷 柔嫩

8장 현대의 차문화

茶文化

근대의 차문화

　근대 차문화라 함은 주로 청나라 말기부터 국민당 시기의 차문화를 가리키는 것이다. 이 시기동안 중국의 차문화는 서양문화의 영향으로 근대적인 경향을 보이기 시작했으나, 봉건사회가 지속되고 2차 세계대전의 영향으로 더 큰 발전을 기대하기는 힘든 상황이었다. 그럼에도 불구하고 중국의 차문화는 근대화를 향해 한 걸음씩 나아갔다.

　광서 24년(1898) 『농학보農學報』의 기록에 의하면 복주福州의 상인들은 일찍이 사람을 인도로 파견하여 '차 만드는 법'을 배워 오게 했다고 한다. 양강兩江 총독은 정세황鄭世璜을 인도와 스리랑카에 파견하여 차산업을 연구하게 하였다. 인도와 스리랑카의 차산업 발전 상황과 비교해 볼 때, 낡은 방식에 의존해오던 중국의 차산업을 다시 발전시키기 위해서는 반드시 개혁에 주력해야 했다. 따라서

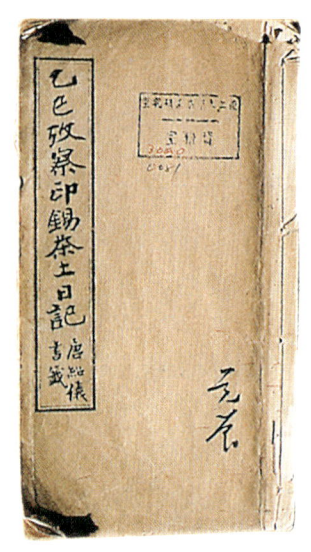

정세황이 인도·스리랑카를 돌아보고 쓴 일기

정세황은 관官의 힘을 빌려 우선적으로 안휘의 둔계屯溪와 영주寧州 두 지역에 본보기로 차 제조공장을 설립하였다. 이즈음 장지동張之洞 역시 제차기계를 구입하여 차를 제조할 것을 제의했다. 이로써 1907년, 남경 자금산紫金山에는 강남식차공사江南植茶公司가 설립되었으며, 1909년에는 호북 양루동羊樓洞에 모범차장模範茶場이 설립되었다.

1910년에는 사천 아안雅安에 차업공사茶業公司가 세워졌고, 강서 영주寧州에는 차엽개량장茶葉改良場이 설립되었다. 이어 1915년 안휘 기문祁門에는 모범종식장模範種植場이 설립되었다. 이들은 주로 종자, 제차기술을 널리 보급함으로써 근대 차산업 발전의 기초를 다져주었다. 이와 동시에 1914년 운남성에서는 주문청朱文淸을 일본으로 파견하여 차업을 공부하게 했다. 1919년 절강성에서도 오각농吳覺農·갈경응葛敬應을 일본으로 파견하여 차를 공부하게 했다.

근대의 차교육은 1898년에 시작되었다. 소문소篇文昭는 차무학당을 설립하여 재배에 대해 연구하고, 될 수 있는 한 기계를 사용할 것을 주장하였다. 그러나 1907년쯤 사천 통성通省에 차무강습소茶務講習所가 개설되었고, 얼마 후, 호북 양루동羊樓洞에서도 차무강습소를 개설하였다.

국민당 초기와 이후에도 각각 남경과 운남·호남 등에서 차업강습소가 문을 열렸다. 그 즈음 중국은 세계박람회에 참가하여 중국차의 명성을 드높이기 시작했다. 선통 2년(1910), (강소) 벽라춘차는 남양권업회南洋勸業會에서 금상을 수상했으며, 민국 4년(1915), 절강성 경영景寧의 혜명차惠明茶는 미국 파나마만국박람회에서 일등증서 및 금상을 수상했다. 같은 해에 (안휘) 광덕차廣德茶는 파나마

국민당 시기의 서호 용정차 포장용기

대회에서 금상을 수상했고, (귀주) 도균차都勻茶 역시 파나마 대회에서 우수상을 수상했다. 민국 19년(1929), (절강) 수창십도녹차壽昌十都綠茶와 이홍갱홍차里洪坑紅茶가 북경전람회 및 파나마대회에서 특등상을 수상했다.

1937년에서 1945년까지의 항일전쟁 시기에 중국의 차산업은 많은 어려움을 겪었다. 현대의 '다성茶聖' 오각농은 『중국차업개진사中國茶業改進史』에서 "1928년 국민혁명이 북벌을 완성한 10여 년 동안 군벌들의 할거와 빈번한 내란 등으로 인해 건설이라고 말할 수 있는 것이 없었다"고 적고 있다.

1930년에서 1940년대에 이르기까지 호남 장사의 고교高橋, 강서의 수수修水, 복건의 숭안崇安과 복안福安, 호북의 양루동羊樓洞, 절강

승주의 삼계三界, 귀주의 미담湄潭, 운남의 의량宜良과 봉경鳳慶 등지에서는 잇따라 차개량시범장이 설립되었다. 또 1941년 당시의 재정부 무역위원회는 절강 구현衢縣에 〈동남차엽개량총장東南茶葉改良總場〉을 설립하였다. 그리고 이듬해 복건 숭안으로 자리를 옮겨서 〈재정부무역위원회차엽연구소〉라고 개명하여, 중국의 최초의 차엽과학 전업연구기관이 되었다.

차엽개혁의 진전에 따라 많은 지역에서 차엽학교 또는 양성반을 개설하였다. 1935년 복건은 복안차교福安茶校를 개설했고, 후에 숭안에 초급차업학교를 개설했다. 이어 강서 역시 무원婺源에 차업직공학교茶業職工學校를 개설하였다. 이외에도 호남의 수업직업학교修業職業學校와 안휘성 휘주徽州의 농업직업학교는 차업반을 증설하였다.

항일전쟁 시기에 나타난 차업대전반茶業大專班은 세 곳이 있는데, 그들은 복단대학의 차엽조茶葉組, 영사대학 특산전수과特産專修科의 차업전수반, 복건 숭안崇安에 창립한 소환기예전과학교蘇皖技藝專科學校의 차업과로 구분된다. 그중 가장 영향력이 컸던 곳은 복단대학의 차엽조이다. 1940년 이후 복단대학은 차엽과(후에 농예과로 고쳐 부름)와 차업전수반과 차엽연구실을 동시에 개설하였다. 이곳의 졸업생들은 항일전쟁시기부터 1950년대에 이르기까지 모두 차엽계의 기술핵심이 되었으며, 차산업의 부흥과 발전에 굳건한 기초를 마련해 주었다.

파나마 태평양국제박람회 금상 메달 앞면(위) 과 뒷면(아래)

차엽의 국제무역 확대

중국차의 대외무역은 일반적으로 한나라 때에 시작되어 당나라 때에 흥했으며, 당나라 이후부터 점차 쇠퇴하기 시작했다. 그러나 명·청시대에 등장한 유럽의 산업혁명과 자본주의 열강의 번창 및 차 자체의 매력에 힘입어 차의 대외무역은 또 한번 성행하기 시작했다.

1610년 네덜란드 사람들은 중국에서부터 유럽까지 직접 차를 운반하여 판매하기 시작했다. 또 1644년에는 영국 사람이 하문夏門에 무역회사를 설립하여 전문적으로 차를 사들였다. 이후 스웨덴·덴마크·프랑스·스페인·독일 등의 상인들도 잇따라 중국

상해 복단대학 차엽 전수과 1948년 졸업 기념 사진

동인도회사 무역선. 동인도회사는 17세기 초에 영국·프랑스·네덜란드 등이 동양에 대한 독점무역권을 부여받아 설립한 회사다. 쪽과 면포무역에 주력하던 영국 동인도 회사는 차엽 수입에도 손을 댔다.

으로부터 차를 사들여 서구의 여러 나라에 팔았다.

1715년 영국 소속의 동인도회사는 광주에 상점을 설립하여 비교적 많은 양의 차엽을 영국으로 수입했다. 미국 역시 마찬가지로 독립 후 1784년에 중국으로부터 400톤의 차를 국내로 들여가 영국의 뒤를 이어 두 번째 차 수입국이 되었다. 그로부터 중국의 차엽 수출무역은 급격한 증가추세를 보였다.

특히 청나라 도광 23년(1843)에서 광서 12년(1886)에 이르는 40여 년 동안, 중국차엽대외수출은 더욱 빠르게 증가했다. 예를 들면 1866년에는 6만 톤을 수출했고, 1879년에는 10만 톤에 가까운 양을 수출을 했으며, 1886년에는 11만 톤에 달하는 양을 수출하여, 세계차엽수출총량의 80퍼센트 이상을 차지하게 되었다.

당시 가장 큰 차엽 수입국은 영국이었다. 영국은 중국차로 고액의 이윤을 얻었으나, 동시에 대량의 은괴가 중국으로 흘러들어가

CATALOGUE
OF
FRESH TEAS,
BEING ONE HALF THE CARGO OF
SHIP HORATIO, HOWLAND, MASTER,
FOR SALE AT AUCTION.
On WEDNESDAY, October 20th, 1841,
AT 10 O'CLOCK,
AT THE PHENIX SALES ROOM,
Corner of Wall and Water Streets.
BY MINTURN & CO.

TERMS.
Notes at 6 months, payable in the City of New-York to be made satisfactory to the sellers.

NEW-YORK:
GEORGE F. NESBITT, PRINTER, TONTINE BUILDING,
CORNER OF WALL AND WATER STREETS.
1841.

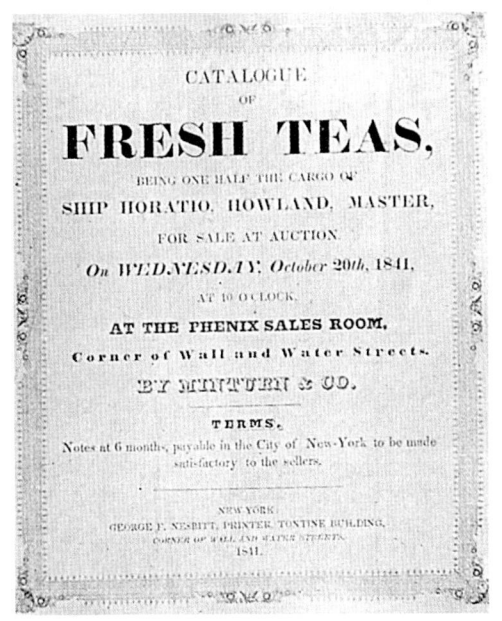

841년 뉴욕박람회의 차엽목록(위)과 대만 우롱차를 외국에 선전하는 광고(아래)

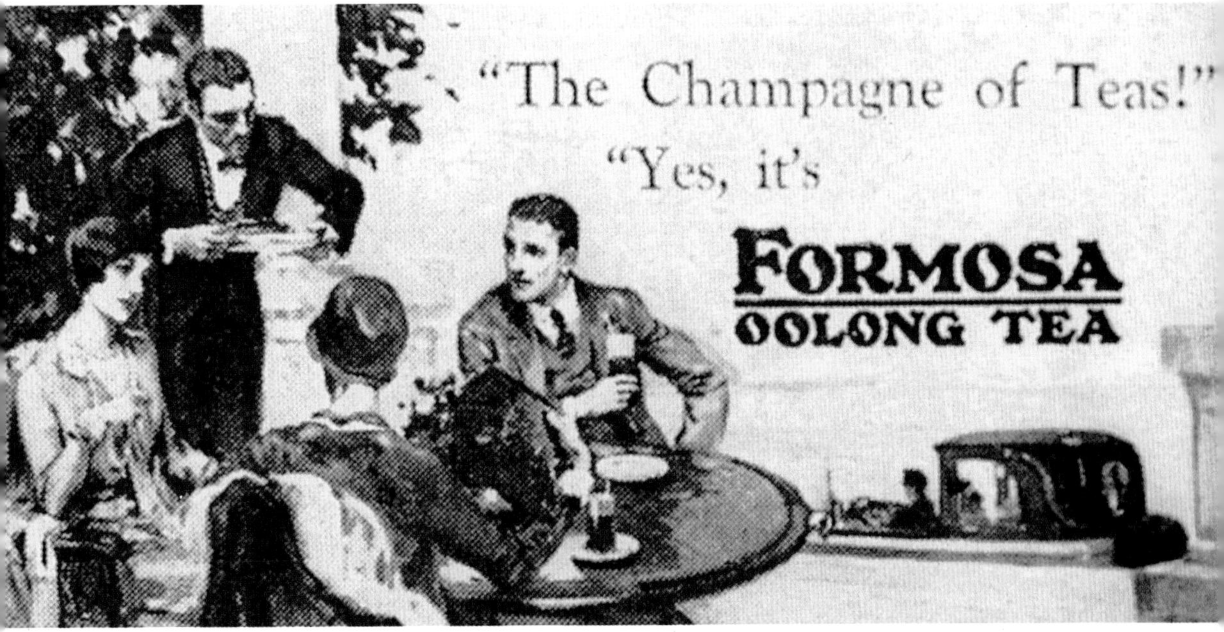

무역역조가 심했다. 이 때문에 영국인들은 독성이 있는 아편을 중국에 수출하고 대신 차엽을 수입하였다. 결국에는 아편전쟁이 발발하게 되었다. 1886년이 이후에야 영국은 인도와 스리랑카에 차나무를 이식하는데 성공을 거두었고 점차 중국에서 수입하는 양이 줄어들기 시작했다. 그러나 이 과정에서 중국의 차산업은 근대화를 향해 나가기 시작했다.

현대의 차문화

중화인민공화국 건립 후 중국의 차와 차문화는 수차례의 발전과 좌절을 겪었다. 지난 80년대 이래로 개혁개방과 국제교류의 강화에 따라, 중국의 차와 차문화는 또 한번의 큰 발전을 보였다. 새로운 세기에 들어서면서 중국차의 발전은 더욱 가속화되었다. 이제 중국의 차문화는 세계 속에서 더욱 그 빛을 내고 있다.

차가 나라의 대표음료가 되다

중국은 차문화의 탄생과 형성, 그리고 발전을 위해 적지 않은 공헌을 하였다. 중국이 차를 국가음료로 할 것을 제창한 것은 차의 지위와 역할을 더욱 분명하게 드러내 보여주는 것이다.

차는 전세계가 공인한 보건음료로써 '세 가지 증가'인 힘의 증가, 지혜의 증가, 미의 증가를 내포하고 있다. 또 '세 가지 저항'에 속하는 노쇠에 대한 저항, 방사능에 대한 저항, 암에 대한 저항이 있으며, '세 가지 감소'라 하여 혈압감소, 혈당감소, 지방감소의 효과를 지니고 있다. 동시에 살균·소염 등의 작용도 있다.

의학계에서는 중의中醫와 양의洋醫를 막론하고 차를 자주 애용하고 있다. 따라서 예나 지금이나 전문가들은 차는 '만병통치약이다' 혹은 차는 '모든 약의 근원'이라고 주장하고 있다. 그러므로 차를 국가음료로 삼는 것은 국민의 체질을 강화시키는데 유리하다.

이제 차의 효능과 작용은 정신적 도덕적 영역의 범주에 들어섰다. '차인정신茶人精神'은 절약·소박·검소·청렴 등의 인격사상을 부여해 주는 동시에, 차는 유교·도교·불교 등의 철학사상이 융합된 일종의 '녹색평화음료'이며, '세상의 차인은 모두 한 가족이라는 주장'이 어울리는 음료이다. 그러므로 차를 마시는 것은 건강뿐만 아니라 심리적으로나 정신건강에도 매우 유익하다.

이러한 이유로 지난 80년대에 일부 지식인들에 의해 차를 국가음료로 삼자는 주장이 제기되었다. 그리고 2004년 3월 중국국제차문화연구회는 정식으로 관계부처에 '차를 중국의 국가음료로 승인할 것을 요구'한다는 의안을 정식 제출하였다.

차문화 단체의 설립

차문화의 끊임없는 발전에 따라 차문화와 관련된 단체도 잇달아 출현하였다. 그에 따라서 차문화도 발전을 더욱 가속화했다.

1990년 10월 차를 애호하는 지식인들과 사회의 각 유명인사의 적극적인 제의로 항주에서 〈제1회 국제차문화연구토론회〉가 개최되었다. 또 1993년에는 중국 최초로 '차문화' 라는 이름을 사용한 〈중국국제차문화연구회〉가 결성되었다. 이는 발전을 확대시키고 중국 차문화 교류를 연구하는 전국적인 민간단체이다. 이들 단체의 출현에 힘입어 전국의 수많은 성, 시에서도 연이어 차문화연구회(추진회, 협회, 연구센터)를 설립하기 시작했다. 그 외에 북경·상해·중경·절강·강소·복건·광동·광서·산동·요녕·강서·호남·호북·운남·사천·영하·신장·마카오·홍콩·대만 등에서도 민간단체들이 계속해서 설립되었다.

각지에 설립된 단체들은 차를 애호하는 사람과 차문화 관계자

운남성 농업과학대 차엽연구소

를 비롯한 차산업에 종사하는 전문가와 학자들이 차를 매개체로 친구가 되는 기회를 제공해 주었다. 동시에 차를 국가음료로 삼을 것을 제창하고 함께 평화를 제창하는 등 각종 교류의 장소를 증진시켰다.

지난 40년대에서 현재까지 중국에는 차학학과茶學學科 혹은 차문화 전공과가 증설된 전문학교 혹은 대학이 10여 개 있다.

중경의 서남농업대학은 고급직업교육 중 솔선수범하여 차문화과를 개설한 학교이다. 이어서 2003년 가을에 절강수인대학 역시 응용차문화학과를 개설했다. 절강대학의 차학학과와 서남농업대학의 차학학과는 차문화전공 방면의 석사연구생과 박사연구생을 모집하기 시작했다.

이와 동시에 일부 전문학교와 연구단위 내에는 차문화연구센터가 건립되었다. 현재 50년대에 항주에서 건립된 중국농업과학원 차엽연구소와 1978년 항주에서 건립된 중화전국공소합작총사中華

안휘성 농업과학대 기문차엽연구소

全國供銷合作總社 항주차엽연구원을 제외하고, 절강·복건·안휘·강서·호남·호북·광동·광서·귀주·사천·중경·운남 등의 성, 직할시, 자치구와 대만지구는 아직도 성급省級의 차엽연구소를 건설 중에 있으며, 차문화에 대한 연구를 펼치고 있다.

북경대학의 동방차문화연구센터와 강서 사회과학원의 중국차문화연구중심, 안휘농업대학의 중화차문화연구소, 절강 수인대학의 차문화연구와 발전센터, 섬서성에 위치한 법문사의 중국차문화연구센터 등이 있는데, 이들 역시 전문적으로 차문화의 연구와 번영을 임무로 삼고 있는 기관이다.

차문화 전시관의 건설

차문화전시관은 차문화를 전시·선전하는 중요한 장소이며 국민에게 애국주의 교육을 행하기 좋은 장소이다. 북경고궁박물관·대만대북고궁박물관을 비롯한 전국의 각 성, 시의 종합박물관에서는 차문화에 관한 전시가 열리고 있다. 그 외에도 지난 80년대 이래, 전문적인 성격을 띤 전시관이 잇달아 개방되었다.

1982년, 홍콩특별행정구에는 홍콩다구관이 건설되었다. 1987년, 상해에서는 사해다구관四海茶具館이 창설되었으며, 1988년에 사천성 몽산蒙山에서는 명산차엽名山茶葉박물관이 건립되었다. 또 1991년에 중국 최대의 종합차엽박물관인 중국차엽박물관이 절강성 항주에 건설되었다. 이들은 차의 기원과 전파, 차의 성질과 효능, 차류茶類와 색, 무늬, 재배, 채취, 제조, 차의 법률과 법칙제도, 차의 기구와 물의 품질 및 차의 문학예술 등을 종합적으로 소개하고 있다.

또 1997년에는 대만의 평림차업박물관이 개방되었으며, 2001년에는 복건성 장주漳州에 천복天福차박물관이 건설되었고, 2003년에는 중경 영천에 파투巴渝차속茶俗박물관이 건립되었다.

차관의 출현

지난 80년대 이래로 등장한 차관茶館과 과거의 차관을 비교해 볼 때, 형식과 내용, 역할, 지위에 모두 커다란 발전이 있었다. 통계에 따르면 사천성 성도에는 350여 개의 차관이 있으며, 북경·상해·중경·장사·남경·제남 등 도시에는 모두 수천수백에 달하는 차관이 있다고 한다. 또 광주와 대만에는 차관이 전국에 고루 퍼져있으며, 절강성 항주에는 350여 개의 차관이 있다. 이는 여행자들의 공식방문코스가 되어 있으며 휴가를 즐기는 사람들에게도 빼놓을 수 없는 곳이 되었다.

중국에는 대략 3만 여 개의 차관이 있으며 연간 총수입은 100억 원(인민폐)에 달한다. 이는 차의 연간 생산액과 맞먹는 액수로 차관은 차 소비를 이끌어 차의 경제적 지위를 향상시켰다.

항주 만각롱 계화수 아래의 〈노천차실〉에서 자유롭게 차를 마시고 있는 풍경(위)과 현대의 사천차관(아래) 풍경

하문의 차관 〈차인지가茶人之家〉

차예의 발전

오늘날 중국의 많은 단체들은 끊임없이 차예茶藝 시범단체를 만들어 차를 우리고 맛을 음미하는 훈련을 하고 있다. 차예 시범은 전문인의 생생한 시범을 통해 음차의 정취와 심미를 풍부히 누릴 수 있게 한다. 또 전통적인 음차문화를 계승하고 전통 속에 시대의 특색을 가미하기도 한다. 상해·운남·광서·복건·광동·절강·중경 등의 성·시·구는 국제적인 차예의 시범을 보이기도 한다.

2001년 8월, 광서 황현에서는 '유삼저배劉三姐杯'라는 전국차예대회를 개최하였다. 2002년 12월, 복건 안계에서는 차예대회를 열었으며, 2003년 운남 사모思茅에서는 전국소수민족의 차예대회가 개최되었다. 중경에서는 국제 차예초청대회를 벌였다. 또 상해에서는 전국 차예대회 등을 개최하였다. 차예에는 전통차예·민속차예·불가차예·공부차예·무술차예·문인차예·민족차예·아동차예 등 그 종류가 많다. 이러한 차예대회는 창의적이고 개성적인 문화에 자극을 주고 차예의 전통적인 기초 위에 새로운 발전을 유도하기도 한다.

차예사의 국가직업기준은, 이미 국가노동부와 사회보장부에서 공포하여 실행되고 있다. 〈차예 직업규범〉과 〈차예관 재직인원 육성법규〉 역시 곧 공개적으로 시행될 예정이다. 이와 동시에 차예사茶藝師라는 직업에 관한 교재도 속속 출판되고 있다. 국가노동부와 사회부문의 심사와 허가를 거쳐, 차예전문인재를 기르는 것을 내용으로 삼은 직업기술양성학교는 이미 강서·북경·상해·절강·광동·산동 등의 성, 시에 설립되어 있다. 국가의 승인을 획

득한 서남농업대학과 절강수인대학은 전국의 전문학교와 대학 중에서 가장 먼저 차문화학과를 개설하고 차문화에 대한 전문인재를 양성한 학교이다.

차관련 산업의 발전

2002년에 전국의 명차 생산량은 이미 총생산량의 30퍼센트 이상을 차지했으며, 생산액은 총생산액의 70퍼센트 이상을 차지한 것으로 통계됐다.

최근 몇 년간 사람들은 차의 영양과 보건기능에 대해 더욱 많이 알게 되었다. 차의 보건에 관한 문제는 이미 임상응용단계에 들어섰다. 차를 첨가하여 음료·케이크·사탕을 제조하는데 응용되고 있다. 북경·상해·광주·항주 등의 음식업계는, 차의 특징과 효능을 결합하여 음식에 차를 첨가하였다. 현재 새로 개발된 요리는 이미 200여 종에 이른다.

캔으로 된 차 음료는 빠르게 발전하여 근 3년 동안에 매년 두 배의 속도로 그 수요량이 증가하여, 생산액은 이미 100억 원(인민폐)을 넘어섰다. 차 계열의 음료는 앞으로도 계속해서 빠르게 발전할 가능성이 크다.

이 외에도 차는 여행, 의약, 화장, 복장 등 여러 종류의 산업에 보급되고 있다. 예를 들면 차로 만든 화장품, 차로 만든 세정제, 차로 만든 제초제, 차로 만든 착색제 등은 이미 출시되어 있다.

최근 몇 년간 중국의 각 지역에서는 차문화 자원을 개발하고 이용하기 위해 차문화경관건설에 중점을 두었다. 복건의 무이산은 '대홍포'란 유명한 차를 주제로 차문화기념 글, 각명, 석조, 석비, 정자 등을 갖췄다. 뿐만 아니라 어차원御茶園·방공흘차거龐公吃茶去·차동茶洞 등 차문화경관의 홍보에 더욱 박차를 가하여, 무이산 여행이 하나의 차 전문 여행 코스가 되게 했다. 또 광동의 안남비雁南飛, 중경의 차산죽해茶山竹海, 복건 안계의 차엽대관원茶葉大觀園, 절강 호주의 차문화인문경관茶文化人文景觀, 및 현재 개발 중인 의창의 차문화여유원茶文化旅遊苑 등도 모두 차문화자원을 이용하여 여행사업과 결합시킨 것으로, 지역경제발전에 새로운 기여를 하였다. 절강 항주의 노룡정경점老龍井景点은 이미 송광복원宋廣福院과 용정차문화전정龍井茶文化殿庭에 대한 보수와 회복을 진행시켰으며, 현재 건설 중인 매가오차문화일조가梅家塢茶文化一條街는 서호 용정차문화龍井茶文化를 더욱 풍요롭게 할 것이다.

운남 사모에서는 고차문화축제가 여러 차례 개최되었으며, 절강 장흥에서는 차문화여행축제가, 강서 성자星子에서는 국제차문화축제가, 그리고 중경에서는 국제차문화여행축제 등이 개최되었다.

사봉용정 차밭(ⓒ 박홍관)

차문화 관련 활동

21세기에 들어서 차문화 학술활동은 왕성하게 전개되었다. 북경·상해·운남성의 곤명과 사모, 복건성의 복조와 안계, 광동성의 광주, 절강성의 항주와 호주, 하남성의 신양, 강서성의 여산, 중경의 영천 및 홍콩, 마카오와 대만 등지에서는 모두 종합적인 혹은 전문적인 주제로 차문화학술연구회를 개최하였다. 학술연구회는 차문화를 발전시켰다. 또한 차문화관련 전문 서적, 간행물과 음반제품이 끊임없이 출판 간행되었다.

예를 들면 『중국차문화경전』·『중국차문화』·『중국고대차엽전서』·『중화차엽오천년』·『차문화학』 및 『중화차문화』 등의 저서들은 차문화를 더욱 풍요롭게 했다. 최근 몇 년간 상해·북경·절강·강서·섬서 등의 성·시에서는 중국 차문화연구를 위한 연구기관을 설립하였다. 당나라 병차복원연구, 당나라 궁전차예복원연구, 당나라 차문화비교연구, 송나라 투차연구 등이 있다. 또 각지의 연구회와 대학 등의 연구기관은 한국·일본·말레이시아·싱가포르·프랑스·영국·독일 등의 국가와 차문화학술교류를 전개하고 있다.

중국은 이미 전국적으로 적지 않은 과학연구와 교육기관을 보유하고 차문화 양성을 연구하고자 하는 석사과정과 박사과정 학생들을 모집하여 교육하고 있다.

근래 30년 이래로 차문물과 차문화고적은 끊임없이 발굴되고 보호되어 왔다. 섬서성 부풍 법문사의 지하궁전에서는 당나라 궁전에서 사용하던 한 무더기의 금은 다구가 출토되었다. 그중에는 비색자다구秘色瓷茶具와 유리다구도 포함되어 있었다. 또 절강성 장흥 고저산顧渚山에서는 당나라 때의 공차원貢茶院 유적지와 금사천金沙泉 유적지, 그리고 차업마애석각茶業磨崖石刻이 발견되기도 했다.

복건성 건구에서는 송나라 때의 북원공차를 기록한 마애석각이 발견되었다. 운남성 소수민족자치구의 사원에서는 태족傣族의 문자를 사용하여 쓴 차사업에 관한 불교경전이 발견되었다.

운남성 남부에서는 운남과 티베트의 차마고도茶馬古道를 고증할 때, 고대의 차와 관련 있는 수많은 문물이 발견되었다. 하북성 선

2006년 6월 운남성에서 차위현으로 가는 차마고도를 지나는 마방들 (ⓒ홍희)

화宣化의 고묘도古墓道에서는 요나라 때의 음차벽화와 요나라 때의 다구가 발견되었다.

이 외에도 운남성 남쪽 원시산림 깊은 곳에서 대규모의 야생 차나무 군락이 발견되었다. 운남성 진원천가채鎭沅千家寨에서는 대규모의 야생 차나무 중, 한 그루의 대형 야생 차나무를 발견하였는데, 나무줄기의 지름이 1미터 이상이며 높이가 25미터 이상에 이른다고 한다. 전문가들은 이 야생 차나무가 1천 년 이상인 것으로 추정되며 지금까지 발견된 차나무 중에서 가장 오래된 차나무라고 주장하고 있다.

차문물과 유적은 차에 대한 역사와 문화연구에 있어 중요한 자료다.

현재 중국 전역에서는 차의 생산지역과 소비지역에 관계없이 각종 차에 관련된 활동이 나날이 많아지고 있다. 2003년에는 국제적 혹은 전국적인 대형차문화활동과 차박람회를 개최하였으며, 참가 지역은 북경·상해·중경 및 산동의 제남, 광동의 광주, 호북의 천문, 호남의 석문, 절강의 항주, 복건의 하문과 무이산, 하남의 신양 등 전국적인 규모였다.

이와 같이 차문화를 매개체로 하고 차산업의 발전을 주제로 삼하는 활동들은 차문화와 경제발전을 한층 더 탄탄하게 결합시켜 주었다. 이러한 차사활동은 차 학계와 차문화계, 그리고 차 경제 무역계로부터 인정받은 것들이다.

광동에서 개최된 제3회 광주국제 차문화제는 수만 명의 국내외 내빈과 광주시민들을 매료시켰으며, 높은 경제효과와 사회효과를 창출해냈다. 복건의 안계安溪는 '다왕새多王賽(차에 관한 최고를 가리는 시합' 와 차문화제, 차 전시회를 개최하여 각지에서 생산된 우롱차의 명성을 드높였다.

이로 인하여 우롱차의 값어치를 상승시켰고, 매매가 활발해져서 그 지역의 경제를 발전시켰다. 운남성의 소수민족 자치구는 중국 보이차 국제학술연구토론회를 개최함으로써 보이차의 명성을 드높이고 보이차의 소비를 촉진시키는데 한몫을 해냈다.

결론적으로 중국 전역에서 개최된 각종 형식의 차문화제, 차박람회, 차무역회, 명차평가회, 명차시식회, 명차경매회, 차여행 등 차와 관련된 문화활동은 차문화를 널리 보급하고 소비를 촉진하고 차산업의 경제발전을 추진한다는 공통점이 있다.

차문화 활동의 발전에 따라 차문화 연구에 참여하려는 사람들도 점점 많아졌다. 차학계 이외에도, 많은 문화·역사·문물·예술·신문·상업·식품·위생계의 관련인사들과 사회활동가들은 모두 차문화연구에 관심을 갖고 연구하고 있다. 이에 따라 연구성과를 보고하거나 차문화를 논술한 잡지, 간행물들도 적지 않게 생겨났다. 예를 들면 1995년에 『농업고고農業考古』 잡지사가 〈중국차문화〉 특집호를 발간했고, 『중화차인中華茶人』·『차문화茶文化』·『차예월간茶藝月刊』·『차원茶苑』·『육우연구집간陸羽研究集刊』·『차엽신식茶葉信息』·『차문화주간茶文化周刊』 등의 잡지가 발간되었다. 특히 국내외적으로 차 애호가들의 많은 관심을 끌었던 『차박람茶博覽』은, 이미 2004년 1월에 복간되어 국내외로 발행되고 있다. 『차박람』은 차문화를 널리 알리고 전세계의 차 애호가들과 사회 각계의 호평을 받고 있다.

이와 동시에, 중국 각지에서 차문화에 대한 교양서와 『중국차경中國茶經』을 비롯한 차문화 전문 서적 및 『차운茶韻』을 비롯한 대형 차문화 시화집, 촬영집 등이 출판되었다. 이외에도 최근 몇 년간에는 『민족차예民族茶藝』를 비롯한 멀티미디어 CD 등 많은 전자출판물이 발행되었다.

부_록
附錄

소수민족의 차

차의 원산지인 운남성에는 26개 민족이 거주하고 있다. 소수민족의 인구는 성 전체 인구의 3분의 1을 차지한다. 이들은 차를 좋아해서 차와 생활이 밀접하게 관련되어 있다.

그들이 마시는 것은 운남성에서 생산된 긴압차·병차·타차 그리고 녹차 등이다. 그 뿐만이 아니라 신선한 찻잎을 이용해 소수민족만의 독특한 방법으로 만든 많은 차는 다른 지방에서는 볼 수 없다. 중앙으로부터 멀리 떨어져 있던 소수민족에게는 중앙행정의 정치·경제·문화가 영향을 미치지 못했기 때문에 아직까지 민족 고유의 음차법이 원시적인 형태로 남아 있게 되었다. 그리고 현재 중국 고대의 음차생활을 이해하는데 없어서는 안 될 중요한 자료가 되었다.

● 염차 鹽茶 고차 火考茶 | 납고족拉祜族

운남성 서북 해발 2천 미터 이상의 고산지대에 주로 분포하고 있는 납고족은 병차를 염차로 마신다. 같은 지역에 살고 있는 푸미족·묘족·노족 등도 염차를 마시고 있다. 우선 찻잎을 가열한 다관에 넣어 구운 후 향기가 나기 시작하면 끓는 물을 부어 끓인다. 여기에 소금을 첨가하여 잔에 따라 마신다. 그리고 다관에 끓는 물을 다시 부어 따뜻하게 해서 마신다. 반복해서 맛이 약해질 때까지 3~4회 마신다.

용호투龍虎鬪라고도 불리는 고차는 1창 2기에서 1창 4기의 찻잎을 채취하여 가마솥에서 덖어 살청한 다음 유념을 하고 햇볕에서 건조시켜 쇄청모차로 만들어 저장한다.

쇄청모차를 큰 컵에 적당량 넣은 다음 숯불을 함께 넣고 차가 고르게 구워지도록 컵을 흔든다. 원하는 차의 향기가 풍겨나면 숯불을 골라낸다.

구어진 차가 담긴 컵에 끓는 물을 붓는다. 이때 가열된 컵 속에서는 요란한 소리와 함께 수증기가 피어오른다. 이 모습이 마치 용과 호랑이가 싸우는 것 같다 하여 용호투라 부르기도 한다.

차가 우려지면 작은 잔에 나누어 마시는데 맛은 쇄청녹차의 강한 맛과 불에 타서 나는 탄내(초향焦香)와 불내음(화향火香)이 난다.

● 삼도차 三道茶 | 백족白族

백족 인구는 약 60만 명으로 대리大理, 등천鄧川, 이원洱源, 검천劍川 등에 분포하며 1956년 대리백족 자치주가 설립되었다. 그들

소수민족의 차

의 조상은 송나라 때 대리국의 주요 부족이었던 백만(白蠻)이었으리라 추측된다. 일찍부터 벼를 경작하였고 중국문화의 영향도 깊으며 당나라 때 전하여진 불교신앙의 조상숭배, 마을의 시조에 대한 제사 등이 행하여진다. 삼도차는 백족의 독특한 음차법으로서 널리 알려져 있다. 그것은 고차(苦茶)·감차(甘茶)·회미차(回味茶)로서 여기에는 깊은 철학이 담겨져 있다.

> **삼도차 만드는 방법과 마시는 법**
> ① 불 위에 회흑색 도관(陶罐)을 놓고 차를 덖어 연기가 오를 때 물을 붓는다.
> ② 물을 큰 주전자에 부으면 거품이 오르는데, 큰 주전자에 물 붓기를 3번쯤 한다.
> ③ 다식으로 말린 고기를 가루내 양념한 것을 먼저 먹는다.
> ④ 첫 번째 만든 차를 마신다.
> ⑤ 옥수수로 만든 떡을 차와 함께 먹는다.
> ⑥ 두 번째 만든 차는 약간 단맛이 나는 차이다.
> ⑦ 마지막 차는 신맛이 난다.

첫 번째 마시는 고차는 작은 도자기 항아리에서 노랗게 될 때까지 볶아서 쓴 맛이 나는 차이다. 두 번째 감차는 흑설탕이나 육계 등을 첨가해서 단맛이 나는 차이다. 쓴차 후에 단차를 마시면 매우 맛있게 느껴지는데, 이것은 중국의 '고진감래(苦盡甘來)'의 속담을 잘 나타내고 있다. 결국 인생에는 고통이 있고 그것을 참으면 달콤함이 꼭 온다고 하는 것이다. 마지막으로 회미차는 산수유와 꿀을 넣은 차로 달고 맵고 쓴 여러 가지 맛이 함께 어우러져 있다. 회미차는 여러 가지 난관을 뿌리치고 고진감래의 교훈을 준다는 의미이다. 삼도차는 그 옛날 제자를 들이거나 신부를 맞이할 때에 마시던 차이지만 근래에는 손님을 접대하는 차가 되었다.

● 죽통향차 竹桶香茶 | 태족 傣族

경홍은 서쌍판납 태족 자치주의 주정부 소재지로 서쌍판납 내에서 두 번째 넓은 분지이다. 강수량과 지하수가 풍부해 농산물을 재배하기에는 최적의 땅이라 할 수 있다. 경홍은 서쌍판반의 정치·경제·문화와 교통의 중심지이며 태족언어로 '여명의 도시'란 뜻이다.

산간지역에는 합니족哈尼族·포랑족布朗族·기락족基諾族 등이 거주하며 산간고지대에는 묘족과 요족이 생활하여 왔다.

맹해현에 운남성 차엽연구소가 옮겨오고 1940년에 근대적인 제차공장인 맹해다창猛海茶廠이 설립되고부터 쌀농사 중심이었던 태족이 논 주변의 언덕을 차밭으로 일궈 쌀과 차를 함께 생산하기 시작했다.

죽통차는 죽향이 가장 많은 1년생 전후의 지름이 5~8센티미터 정도 되는 청죽을 30센티미터 정도로 잘라 죽통을 만들고 표피를 벗겨낸 후, 쇄청이나 증청으로 만들어진 쇄청녹차를 가볍게 다져 넣는다.

쇄청녹차가 담긴 죽통을 화로나 숯불 위에 올려놓거나 옆에서 약 6~7분간 불에 쬐인다. 죽통이 건조되고 안에서 생기는 습기에 의해 죽통 속에 쇄청녹차가 느슨해지면 막대기로 눌러서

소수민족의 차

다진 뒤 새로운 모차를 넣어서 다시 불에 쬐인다. 이런 과정을 4번 정도 반복하면 죽통 속의 차가 단단해진다.

마지막으로 불에 다시 쬐여 죽통과 차가 충분히 건조되면 온도를 낮추어 죽통을 쪼개고 차를 꺼내 보관한다. 이때 차의 모양은 원주형이다.

차를 마실 때는 덩어리에서 조금 떼어내어 머그잔 크기의 사발에 넣고 끓는 물을 7~8부 정도 부어 3~5분 간 우린 다음 마신다. 죽통차의 맛은 진하며 약간 달고 청죽향이 난다.

죽통차 만드는 모습

● 양반차 涼拌茶 | 기락족 基諾族

　기락산은 서쌍판납 행정중심지인 경홍지역에 있는 유명한 산이다. 1979년 6월 중국정부로부터 정식민족으로 인정받은 기락족은 전체인구가 1만 8천여 명밖에 안 되는 소수민족이다. 대부분은 기락산 밀림지대에 40여 개의 부락을 형성하고 있다. 산의 면적은 622.9킬로미터이며 많은 사람들은 800~1천400미터 높이에 거주하고 있으며 행정소재지는 860미터에 위치해 있다.

　기락산은 다습한 환경인데 오래 전에는 유락산이라고 불렸고 차문화 역사상 보이차 산지로 유명한 6대 차산지 가운데 한 곳이기도 하다.

　기락산의 차는 역사적으로 유명하다. 근래 대외적으로 자연발효 보이차의 수요가 급증하면서 그동안 방치되어온 차밭을 관리하고 새로운 차원을 조성하는 등 점점 생산량이 늘어나고 있다.

　오랜 세월 동안 기락족의 양반차는 찻잎을 데쳐서 무쳐 먹는 나물의 형태로 찻잎 자체를 섭취했다. 이러한 식용으로의 음차풍속이 현재까지 전해지고 있다.

양반차 만드는 방법
① 연한 찻잎을 채취하여 대바구니에 담는다.
② 불을 지펴 토관(토기 주전자) 속에 물을 넣고 끓인다. 끓는 물에 찻잎을 넣어 살짝 데쳐서 꺼낸다.
③ 설탕, 소금, 조미료, 깨소금, 고소, 고춧가루, 식초, 간장, 황과엽, 마늘, 생강, 풋고추 등 갖은 양념으로 데친 찻잎을 나물처럼 버무려 먹는다.

소수민족의 차

● 죽통산차 竹筒酸茶 청죽차 青竹茶 | 포랑족 布朗族

포랑족은 인구 8만 여 명으로 운남이 주거주지이다. 종교는 소승불교이고 언어는 남아시아어계이며 그들의 문자는 없다. 민속풍속은 원시적이고 소박하며 보수적이다. 그들은 태양을 숭배하며 참나무쥐, 하마 등을 신성시한다.

죽통산차를 만들기 위한 찻잎은 2월에서 11월까지 채취한다. 어린 잎은 덖어서 잎차를 만들고 크고 거친 잎은 발효과정을 거쳐서 산차로 만든다.

채취한 찻잎은 끓는 물에 데쳐서 살청한 다음 햇볕을 이용해서 물기를 건조시키고 5~6분 정도 가볍게 유념한다.

길이와 굵기가 각 40센티미터 정도 되는 죽통에 차를 넣어 두는데 차만 넣기도 하고 차를 넣은 윗부분에 소금을 뿌린 다음 다져두기도 한다. 입구는 대나무 잎으로 막고 진흙으로 밀봉을 해서 땅 속에 묻어둔다.

약 20일이 지나면 혐기성 발효로 인해 차의 쓰고 떫은 맛은 없어지고 그대신 신맛을 띠게 된다. 3개월에서 1년 정도 저장된 찻잎에 소금, 고춧가루, 생강 같은 양념과 향신료를 넣어 무쳐서 먹는다. 죽통차는 남녀노소가 모두 좋아하는 음식이지만 주로 신맛을 즐기는 여성들이 좋아한다.

청죽차는 포랑족들이 마을을 떠나 일을 보거나 사냥을 다닐 때 마시는 차이다. 약 20센티미터의 굵기가 되는 청죽을 마디를 중심으로 윗부분을 약 25센티미터(한마디) 정도에서 잘라 찻물 담는 용기로 만들고 아랫부분은 약 15센티미터에서 사선으로 비스듬히 잘라 땅에 꽂는다.

청죽 마디의 윗부분에 물을 채우고 불을 지펴 죽통 속에 물을 뜨겁게 한 다음 차를 넣어 3~4분 동안 우린 다음 마신다.

● **내차** 奶茶 **향차** 香茶 | 위그르족(維吾爾族)

중국 서북지방의 신강 위그르족의 인구는 약 730만 명이며 천산산맥 중심으로 북쪽지역의 북강족北疆族은 목축생활을 하고 있으며 남쪽지역의 남강족南疆族은 농업생활을 하고 있다. 같은 민족이지만 마시는 차는 서로 달라서 북강족은 내차를 마시고 남강족은 향차를 즐긴다. 그러나 내차와 향차에 사용되는 덩어리 긴압차는 모두 복전차를 이용한다.

내차를 마시기 위해서는 주전자에 잘게 부순 복전차茯磚茶와 적당한 양의 물을 넣고 4~5분 동안 끓인다. 차가 우러나면 우유 또는 치즈와 소량의 소금을 넣은 뒤 4~5분 동안 더 끓이면 향내가 나는 따뜻한 내차가 된다.

향차의 제조법은 내차와 비슷하나 차이점은 첨가하는 양념이 우유나 소금이 아니라 후추·계피·정향 등과 같은 향신료를 사용한다. 차호는 구리제품이나 자기류를 사용하며 차 찌꺼기나 향료가루가 찻잔에 함께 나오지 않도록 주전자에 거름망을 부착하는 것이 특색이다.

소수민족의 차

● 수유차 酥油茶 | 티베트족

　티베트 고원은 평균 고도가 약 4천500킬로미터, 면적 220만 킬로미터로 단일 고원지역으로는 지구상에서 가장 넓으면서도 높은 지형을 이루고 있다. 인구는 약 459만 명으로 대부분 유목생활을 하므로 육식위주이며 과일이나 채소 섭취량은 아주 적다.
　육식위주의 식생활은 부족한 비타민과 미네랄 같은 영양소의

수유차를 마시는 마방馬幇(차 등의 물자를 나르는 사람)들 ⓒ홍희

결핍으로 잇몸에서 피가 나고 치아가 약해지는 괴혈병에 시달리게 만든다. 충분한 영양소 섭취를 하기 위해서는 많은 양의 차를 마셔야 하는데 위에 부담이 가게 되므로 차에 버터, 소금, 참깨 등을 넣어 부드러운 수유차를 마시며 보충하였다. 이러한 이유로 이들이 소비하는 차의 양은 1인당 연간 15킬로그램 정도이며 이것은 중국 지방단위로서는 가장 많은 소비량이다.

티베트 민족의 음차풍습은 정통적인 차 그대로 우려마시는 청음淸飮 방법과 우유를 이용한 밀크티와 수유차가 있다.

수유차의 유래는 현재로서 고증할 기록은 없지만 당나라 문성공주가 티베트 왕에게 시집올 때 혼수품으로 가져온 찻잎을 이곳 사람들 기호에 맞게 만든 차라고 알려져 있다. 수유란 야크·양이나 소의 젖을 끓인 후 냉각될 때 생겨난 지방 덩어리이다. 찻잎은 덩어리차인 긴압차를 이용하는데 주로 보이차·금첨 등을 사용한다.

티베트 사람들은 수유차를 마실 때에 예절을 무척 중요시한다. 차를 마실 때 찻잔을 한 번에 비워버리는 것은 예의가 아니므로 찻잔에 차탕을 조금 남겨서 더 마시고 싶다는 의사표시를 한다.

수유차 마시는 방법
① 끓는 물에 적당한 양의 긴압차를 넣고 30분을 더 끓인 후 찻잎을 걸러내고 차탕은 나무통에 담는다.
② 수유차·소금·설탕 등의 재료를 나무통에 넣은 뒤 나무젓가락으로 재료가 잘 혼합되도록 섞어 주면 수유차가 된다.

소수민족의 차

● **함내차** 咸奶茶 | 몽고족 蒙古族

490만 명의 중국 몽고족은 티베트·위그르족과 같이 유목생활을 하고 내차를 즐긴다. 다만 사용되는 덩어리 긴압차는 위구르족과는 다른 청전차青磚茶와 흑전차黑磚茶이다.

차 소비량은 1인당 연간 약 9킬로그램을 소비하며 많을 때에는 15킬로그램까지도 소비한다. 차가 생존음료인 몽고족은 한 번 식사할 때 세 번에 걸쳐 차를 마신다. 아침에 우유나 버터가 섞인 내차와 볶은 쌀로 식사를 하고, 남은 내차(밀크티)는 주전자에 담아 항상 손쉽게 따뜻한 차를 마실 수 있도록 화로 위에 얹어 둔다. 저녁에 소나 양고기를 배부르게 먹었을 경우 내차를 마시고 잠을 청한다.

함내차 마시는 방법
① 먼저 잘게 부순 청전차나 흑전차 25그램을 철제주전자에 넣고 2~3리터의 물을 붓고 3~5분 동안 끓인다.
② 차가 우러나면 물의 4분의 1 정도의 우유와 소금을 적당히 넣어 끓이면 따뜻한 내차가 완성된다.

● 타유차 打油茶 | 묘족苗族

중국 묘족은 약 740만 명이며 3세기 전 그들은 장강과 황하유역에서 살았으며 현재는 귀주의 산악지대에 살고 있다.

타유차 마시는 방법
① 가루말차 또는 잎차 등 찻잎재료와 첨가하는 양념과 생선, 육류, 참깨, 땅콩, 파, 생강과 차 기름을 준비한다.
② 적당한 양의 차 기름을 솥에 넣고 가열한 후 찻잎을 넣어 향이 나도록 볶는다.
③ 참깨, 땅콩, 약간의 물을 넣어 3~5분 동안 끓인 후 파, 생강 등 향료를 넣고 살짝 볶아 차호에 담는다.
④ 주식인 닭튀김, 삶은 돼지 간, 해산물 등을 접시에 담는다. 이때 차호의 따뜻한 유차를 찻잔에 따라 마시면서 주식인 육식과 함께 먹는 것이 묘족의 타유차 문화이다.

찾아보기

(ㄱ)
가궤 46, 47
가종嘉種 75
갈경응葛敬應 296
갈탄차 104
감숙성 89, 91
감엽차 76
감차甘茶 324
강남차구 89, 91
강북차구 89
강산녹목단 92, 133
강산성 74
강서성 15, 35, 91, 100, 184, 195, 200, 201, 298, 307, 311, 313, 316
강소성 22, 54, 89, 91, 94, 96, 161, 196, 305
강전 114, 144
강족 114
강회江淮 28
강희康熙 42
개문칠건사 34
개봉開封 108
개산백호 120
개안배 42, 193, 196, 198, 216, 223, 224, 227, 258
개화용정 92, 98, 265
거품 36
건륭乾隆 42
건안建安 32, 76
건안차 33
건양建陽 166
건잔建盞 36
건조 130, 132, 146, 148, 161, 163, 164
건창 145
건평대 254, 255
걸름망 213, 254, 257
검청黔青 133
검춘차 110
검현黔縣 182
검호 110
검홍黔紅 147
격불 33, 36

경덕진 100, 192, 195, 200
경동景東 179
경릉태수 54
경발효차 143
경산차 92, 98, 159, 264
경정녹설 92, 94, 159
경현특첨 94
계림 171
계림모첨 92
계절풍 기후 96, 100
계차褡茶 76
계평서산차 92, 159
계화오롱 149
계화차 120, 135
계화홍차 149
계화홍청차 149
고감향명 102
고강모첨 110
고膏 22, 33, 188
고교은봉 92, 104, 159, 275
고로皐蘆 48
고로차 106
고봉운무차 94
고산모롱차 92
고산차 73
고염무 16
고원경 131
고장모첨 92, 104
고저顧渚 26, 317
고저자순 28, 32, 92, 98, 159
고차 322, 323
고차꿈茶 324
고차수 14, 15, 69, 83, 85, 114
고충법 228
고타차 116, 144, 179
고헨 스튜어트 67
곡라형 135, 136
곡우 153
곡조형 135
곤명昆明 179, 316
공미貢眉 137
공부工夫 145
공부차예 311
공부홍차 41, 114, 126, 146, 182
공차貢茶 28, 29, 32, 33, 36, 96, 98
공차원貢茶院 26, 32, 317
공차제도 26, 27, 44
공춘供春 193

공품 18, 21
공희 132
과거제도 26
과로瓜蘆 49
과로목瓜蘆木 49
과립녹차顆粒綠茶 209
과미차 126
과자금瓜子金 142
곽산 황대차 139
곽산취아 94
곽산현 164
곽산황아 92, 94, 139, 159, 168, 279
곽수운록 135
관능검사 253
관능품평 252, 253, 258
관목형 91, 170
관영차원 29
관장모첨 104
광덕차 296
광동 84
광동대엽청 139
광동성 15, 22, 43, 91, 106, 123, 151, 174, 184, 223, 305, 307, 311, 313, 316, 318
광동어계 50
광동청차 126
광릉기로전 188
광서성 15, 22, 91, 143, 180, 305, 307, 311
광서청차 126
광아廣雅 22, 188
광주 23, 308, 311, 318
광주기廣州記 48
괘화掛畵 238, 240, 243, 247
교목성 66, 69
교반攪拌 151
교소원차 179
교소칠자병차 179
교연皎然 54
교종 26
구갱모첨 98
구고뇌차 102
구곡홍매 92, 98, 290
구룽차 102
구양수 32
구지략九之略 60
구화모봉 92, 159
구화산九華山 22, 94
구황본초救荒本草 77

구황운무 110
국화 135
군산君山 166
군산모첨 104
군산은침 44, 92, 104, 139, 159, 166, 167, 218, 280
궁정차예 242
귀산암록 110, 159
귀양애모봉 92
귀정운무 118, 159
귀주성 15, 34, 91, 116, 118, 184, 298, 307, 333
균복운무차 102
균요다구 197
귤 22, 41
금강은침 110
금계오金鷄塢 168
금법조 36
금사천金沙泉 317
금산金山 168
금산시차 94
금산취아 92, 273
금속다구 199
금쇄시金鎖匙 142
금수취봉 159
금유조金柳條 142
금장혜명 92, 98, 159, 266
금죽평金竹坪 168
금채현金寨縣 164
금첨차 114, 144
금화거암 159
금화禁火 154
금화말리모봉 149
금훤오룡차 92, 287
기락족基諾族 325, 327
기란奇蘭 142
기문현祁門縣 147, 182
기문홍차 44, 92, 94, 146, 159, 182, 290
기반산 모첨 110
기본차류 125
기산취미 159
기전은호 104
기창차 154
기호음료 42
긴압 179
긴압전차 209
긴압차 104, 110, 114, 145, 178, 320, 331

긴차 145
꺾꽂이법 77, 78, 79
꽃꽂이 243

(ㄴ)
나름 39
나물 19
나봉차 102
나차 193
나추밀 36
낙노酪奴 22, 23
낙안 57
낙양가람기 48
낙양洛陽 22
난징조약 43
난혜 41
난화차 94
남강족南疆族 329
남경 우화차 92, 132, 133, 135, 159, 272
남경 96, 296, 308
남나백호 159
남나산대차수 15
남로변차 144
남로은침 137
남면차 32
남북조시대 22, 188, 199, 200
남산백모차 120
남산수미 96
남송 30
남송관요다구 197
남악운무차 104
남양南陽 108
남정백호 116
남정북백 190
납고족 322
납차 38
내차 329, 330
냉해冷害 89
네덜란드 42, 50
노나라 57
노족 323
노죽대방 92, 94, 159, 270
노청전 144
노청차 92, 110, 144
녹목단 94, 98
녹원모첨 139, 159
녹원차 110

녹차 79, 91, 98, 140, 167, 195, 208, 209, 210, 217, 320
농서農書 38, 131
농학보農學報 295
능운백호 120
능운백호말리 149

(ㄷ)
다경茶經 6, 18, 26, 32, 46, 47, 53, 56, 57, 62, 153, 188, 190, 191, 202, 238, 247
다관 216
다구 36, 58, 187, 189, 190, 191, 192, 195, 196, 197, 201, 202, 224, 225, 316
다구도찬茶具圖贊 36, 191
다금茶禁 47
다도 59
다도구 195, 199
다보茶譜 39, 131
다선茶仙 53
다성茶聖 53
다소茶疏 39, 131
다신茶神 53
다왕새多王賽 318
다즐링차 73, 182
다해茶解 39
단 33
단구자 23
단단차 208
단아형 135
단오 176, 179
단차 23, 33, 39, 100
단총차 174, 175
단췌檀萃 116
당나라 24, 26, 29, 33, 48, 56, 58, 76, 98, 188, 189, 190, 200, 299, 317, 324
당삼채 190
당송변혁기 30
대나무 30
대만 43, 81, 89, 124, 140, 151, 173, 305, 308, 316
대만청차 126
대백차 148, 166
대별산大別山 168
대불용정 92
대엽기란 106, 142

대엽종 65, 66, 91, 114, 143, 145, 184
대우령 287
대운하 24, 28, 30
대족송명 114
대포차 210
대호 148
대홍포 92, 100, 142, 170, 280, 313
대화평大化平 168
덖음살청 131
덩어리차 23, 34, 192, 331
데아닌 98, 161
덴마크 43, 299
도광道光 43
도균모첨 92, 118, 159, 276
도균차 297
도자기 100
도자기잔 218
도자학 55
도홍경 23
도茶 19, 46, 47, 48
독일 43, 196, 299
동강자東岡子 53
동경몽화록東京夢華錄 36
동계시다록東溪試茶錄 76, 135
동군록桐君錄 23, 49
동목관桐木關 183
동목촌洞木村 146
동방미인 142, 176
동백나무속 65
동백춘아 98
동성소화 94
동약僮約 16, 21, 187, 191
동양동백 159
동인도회사 300
동정벽라춘 92, 132, 161, 187, 159
동정산洞庭山 96, 161
동정오룡 124, 142
동정차 92
동정춘 104
동정호洞庭湖 104, 166
동족 120
동진東晉 19, 48
동천공董天工 145
동한東漢 49
동호은호 104
두육 188
두춘차 153
둔계진미 159, 296
둔록차 92, 94

등성도루 21
등촌녹차 110
나름羅廩 39

(ㄹ)
라오스 116
러시아 50

(ㅁ)
마고차 102
마옥차 116
마카오 305, 316
막간황아 92, 98, 139, 278
만살차산 116
만전차산 116
만차晩茶 76
만춘은엽 114
말리소명호 149
말리은호 100
말리작설호 100
말리춘풍 100
말리화차 92, 100, 135, 148
말약향명 114
말차 28, 33, 38, 133, 147
망부은호 98, 159
망종芒種 176
망지차산 116
망해차 92
매가오梅家塢 160
매간호梅干壺 196
매괴홍차 41, 106, 149
매령모첨 102
매점梅占 92, 142
매화차 41, 96
맥과麥顆 77
맹신호孟臣壺 193
맹원노孟元老 36
맹해 83, 116, 179, 325
명나라 41, 96, 192, 193, 196, 199, 200, 248
명茗 19, 47, 48, 49
명미 102
명산차엽박물관 307
명전차明前茶 153
명주차 94
명차 44, 89, 91, 93, 98, 114, 162, 208, 258

명차茗茶 38
명태조 39
모록취봉 96
모봉 94, 98, 110
모산청봉 96, 159
모숙慕肅 48
모차毛茶 135, 178, 216, 255, 259, 262
모해毛蟹 92, 142, 284
목대제 37
목서 41
목책 철관음 92, 142, 288
목향 41
몽고족蒙古族 38, 50, 332
몽량록蒙粱錄 36
몽산감로 114
몽산춘로 114
몽정감로 92, 159
몽정산 114
몽정차 114
몽정황아 92, 139, 159, 279
묘목 78
묘족苗族 33, 104, 114, 118, 120, 323, 325
묘희사妙喜寺 54
무당산 110
무석호차 92, 96, 98, 159, 272
무성번식 77, 170
무성생식 78
무술차예 311
무양 16, 21
무원명미 135, 159
무이산武夷山 41, 100, 143, 145, 146, 169, 170, 171, 183, 202, 313, 318
무이수선 92, 100, 281
무이암차 44, 159, 169, 170
무이육계 92, 281
무이차 73
무주거암 98
무주차 28
문군녹차 114, 159
문산포종 92, 124, 142
문인차예 311
문향배 212
물리성 74
미강취편 118, 159
미봉운무 102
미생물 125

미얀마 116
미원산眉原山 69
미차眉茶 132
민남색종 142
민남수선 142
민남오룡 172
민남청차 126
민북수선 92, 142, 159
민북오룡 142
민북청차 126
민속차예 242, 311
민족학 13
민황悶黃 130, 138, 166, 167
밀크티 209

(ㅂ)
박물지博物志 50
반盤 198
반발효차 140, 169, 173, 174, 176
반암차 170
반천요半天妖 92, 142
반호 98
발효 100, 125, 146, 174
방차 145
방포차方包茶 114, 144
배杯 198
배연裵淵 48
배탁杯托 212
배화焙火 193
백거이 28
백계관 92, 142
백기란 92, 282
백로차 154
백림공부 100, 147
백모후 142
백목단 92, 137, 159, 166, 277
백미 102
백석모첨 104
백시녹차 123
백아차 126
백악황아 94
백엽차 76, 126, 135
백운은호 110
백운춘호 94
백유白釉 191
백자 100, 192, 200
백족白族 323, 324
백차 39, 100, 126, 161, 165, 195, 209, 210, 211, 218
백편 98
백호오룡 92, 124, 286
백호은침 44, 92, 100, 102, 137, 165, 217, 218, 278
버림컵 254
번식방법 43
법랑자기 196
법문사 189, 199, 316
베트남 116
벵갈 50
벽간차 110
벽돌차 145, 178
벽라춘 44, 96, 133, 161, 216, 271, 296
벽록 98
벽운碧雲 82
벽차蘗茶 76
변방 26
변종 67
병단차 192
병차餠茶 22, 23, 28, 33, 38, 145, 178, 320
보비력 74
보수성 74
보이병차 144
보이산차 144, 289, 297
보이전차 144
보이차 44, 92, 116, 145, 159, 178, 208, 209, 210, 231, 319, 327, 331
보이타차 144
보정람침 104
보타불차 92
보통홍청 132
복건성 15, 30, 41, 43, 50, 79, 91, 100, 106, 116, 140, 148, 151, 170, 172, 176, 182, 183, 195, 200, 201, 202, 251, 297, 298, 305, 307, 308, 311, 313, 317, 318
복수은호 149
복수차 176
복운 83
복전차 92, 104, 144, 329
복정대백차 79, 83, 165, 166
복정현 165
복주백주룡 149
복주福州 201, 295
복주復州 53
복홍復烘 161, 163, 164

본산本山 92, 142
봉경용·제순차 104, 116
봉씨문견기封氏聞見記 28, 34, 58
봉연封演 3, 458
봉차반奉茶盤 213
봉황낭채 223
봉황단총 밀란향 285
봉황단총 92, 106, 142, 174, 223
봉황삼점두 220, 228
봉황설차 102
봉황수선 92, 106, 142, 159, 174, 223
봉황오룡 106
봉황차 175
부래청浮來靑 92, 274
부량자국浮梁瓷局 195
부량차 28
부풍현 44
북강족北疆族 329
북경 50, 201, 305, 308, 311, 312, 316, 318
북경전람회 297
북로은침 137
북송 30
북원공차 317
북원별록 33
북원지방 30, 33, 36
북포오룡 142
북항모첨 104, 139
분향 240, 243
불가차예 311
불발효차 151
불수 100
불야후不夜侯 50
불차 98
비교평가회 93
비룡간음차 50
비타민 207
비파행琵琶行 28
빙록 122
빙하기 15

(ㅅ)
사계산沙溪山 76
사마상여司馬相如 57
사모 313, 316
사모청 116
사배차 100
사봉산獅峰山 160

사시渣匙 213
사안謝安 57
사유진謝裕秦 163
사지기四之器 58, 60, 61
사천변차 126
사천성 15, 22, 43, 69, 91, 114, 116, 184, 296, 305, 307, 308
사천죽엽청 135
사천흑차 92
사해다구관 307
산동 28, 84, 89, 91, 108, 122, 305, 311, 318
산차 28, 29, 33, 34, 38, 39, 126, 176, 180, 192, 193, 199
산화 125, 131, 151
산후향차 102
살청 130, 131, 132, 140, 146, 161, 164
삼국시대 21, 188
삼국지·오지 22
삼도차 323, 324
삼지조 60, 61
삼청벽란 114
삼청운무 102
삼춘차 153
삼화공三和公 180
삼황 138
삽화 240
상거19
상구商丘 108
상기운무 120
상나라 200
상백웅常伯熊 58, 59
상商 75
상요백미 159
상저옹桑苧翁 53
상첨湘尖 104, 144
상첨차 92
상파록 104
상품차 36
상해 305, 308, 311, 312, 316, 318
상홍湘紅 147
상화가上和街 168
색종 100
생차生茶 178
샨종 66
서남차구 28, 91
서로변차 144
서산난약시다가 131

서산차 120
서시은아 98
서쌍판납 116, 179
서역 112
서우천徐友泉 193
서장 91
서주西周 19, 75
서주황벽차 102
서호 98
서호용정 92, 98, 132, 133, 135, 159, 263
석고평오룡 106, 142
석문 318
석정록 100
석천수 55
선인장차 92, 110, 133, 159
선태대백 102, 159
설리雪梨 142
설봉모첨 104
설수운록 92
설아 100, 159
설청 122, 159
설편雪片 106
설蔎 47, 48
섬북고원 112
섬서성 89, 108, 112, 189, 199, 316
성도 16, 21, 308
성록 102
성촌소종 183
성촌진星村鎭 146
세눈초청 132
세눈홍청 132
세엽차 76
소만차 153
소병차 144
소봉 104
소설小雪 106
소수민족 23, 39, 104, 108, 118, 327
소엽종 65, 66, 91
소종홍차 41, 126, 146, 183, 184
소주蘇州 55, 96, 161
소타차 180
소포암차 102
소홍小紅 147
속시삼우호俗詩三友壺 196
손권 21
손호孫皓 22
송계松溪 166
송나라 29, 33, 38, 41, 76, 174, 191,

200, 251, 317
송봉차 110
송종 노차왕 175
송종 투천향 단총 286
송종 174
송차 174, 175, 208
쇄차 147, 209
쇄청녹차 126, 132, 145, 178, 325
쇄청모차 323
수금귀 92, 142
수길향 166
수나라 23
수미壽眉 132, 137
수선백차 166
수아 114
수액 48
수유차 330, 332
수족水族 118
수주황자 190
수창십도녹차 297
수창은후 159
순자荀子 240
숭경崇慶 21
숭안현崇安縣 146
스리랑카 73, 182, 295, 302
스웨덴 299
스페인 43, 299
습창 145
습평대 254
승반 190
시경詩經 19, 46
시대빈時大彬 193, 196
시들리기 135, 151
시붕時朋 193
시연자 242
시음회 93
시자석인상 44
식물학 13, 55, 65, 67
식용 26
신농본초경 18
신농식경 15
신농씨 13, 15, 18, 57
신명神命 19
신양모첨 92, 108, 133, 159, 274
신장 305
신족愼族 104
실크로드 112
심군용沈君用 193
심안노인 36, 191

심평반 255
십지도 247
쌍교모첨 110
쌍용은침 98
쌍정록 102
쌍정차 92

(ㅇ)
아동차예 311
아모이계 50, 52
아미노산 73, 176, 207, 252
아미모봉 92, 114, 159
아미산 22, 114
아미죽엽청 132
아심 114
아안雅安 21, 296
아열대 91, 98, 106, 108, 116, 118, 153
아종 67
아편 43, 302
악기樂記 240
악록모첨 104
악북대백 104
악서취란 159
악홍鄂紅 147
안계 계화오룡차 149
안계 철관음 92, 159, 283
안계安溪 172, 313, 318
안계현지安溪縣志 140
안길백차 92, 98, 135, 161, 264
안길현 161
안록安綠 182
안양安陽 108
안영 19, 57
안자춘추 19, 20
안탕모봉 98, 104, 159
안화송침 104, 159
안휘성 22, 89, 91, 94, 100, 108, 163, 182, 184, 296, 298, 307
암정 98
암차나무 176
앗쌈 66, 69, 79
앙천설록 108
애무차 102
야생식물 13
야생종 76
약리학 55
약발효차 165

약산성 74
약용 18, 26, 56
약용보건차 126
양도은침 102
양반차 327, 328
양선설아 92, 96, 98, 159
양선차 28, 133
양성화兩性花 67
양애모봉 118
양웅揚雄 57
양자강 22, 89, 94, 114
양젖 23
양주楊州 28
양현지 48
어요창御窯廠 195
어용차밭 100
여간신余干臣 182
여도정덕집집呂陶淨德集 29
여산운무 92, 102, 159, 273
여요余姚 187
여지홍차 106, 149
역사학 13, 55
연 33
연꽃 41
연심 98
연심차 100
연차 193
연차기 189
연태용정 110
열대지방 69, 70, 73
염차 322, 323
엽저반 254, 256
엽지수葉知水 80
엽차 147
영국 299, 300, 302
영덕홍차 92, 106, 291
영두단총 92, 106, 142, 285
영롱차 104
영암검봉 102
영주寧州 296
영천수아 159
영춘불수 92, 284
영하 305
영흥공부 92
영흥寧紅 147
영홍英紅 147
오각농吳覺農 79, 296, 297
오개산미차 104
오대십국 30, 190

오룡차 44, 124, 140, 142, 169, 172, 196, 208, 209, 210, 223, 224
오송강 55
오자목吳自牧 36
오자선호 112, 159
오지산녹차 92
오지자五之煮 60, 61
오진탁吳振鐸 81
오현吳縣 161
오홍奧紅 147
옥기玉器 19
옥엽장춘 114
옥차법 191
온정균溫庭筠 48
온주황탕 92, 98, 139
옹가산翁家山 160
와갱차 102
와트 67
완 191
완전발효차 152, 182
왕몽王濛 48
왕숙王肅 22
왕정王禎 38, 131
왕포 21, 16, 191
왕협 48
외산소종 146, 147, 182
요나라 318
요녕 305
요족瑤族 104, 120, 325
요청 143
요평색종 142
용계화청 92, 94, 133, 159, 269
용뇌 41
용단봉병 29
용무차 102
용미산 54
용미차 110
용봉단차 100
용수차 100
용정사 160
용정샘 160
용정차 44, 82, 83, 98, 215
용천차 110
용하차 104
용호투 323
우량품종 75, 84
우롱차 319
우바차 73, 182
우성로아 114

우성은무 114
우성은아 114
우융차 102
우저차 104
우전차雨前茶 153
우차 132
우화대雨花臺 사건 96
우화차 96, 98
운귀고원 118, 120
운남성 15, 66, 69, 83, 91, 116, 143, 184, 296, 298, 305, 307, 311, 313, 316, 317, 318, 319, 322, 328
운림차 102
운무모첨 110
운무차 96, 102
운봉 98
운서雲栖 160
운침 116
운침녹차 118
운항雲抗 82
운해백호 116
웅동운무 110
원나라 192, 195, 199
원주형 135
원차 179
원초청 132
원포차 114, 144
월주청자 190
위그르족 38, 329, 332
위나라 22, 48
위산모첨 104, 139
위요韋曜 22, 57
위魏 21
위음魏飮 77
위조 130, 143, 146, 148
유곤劉琨 57
유념 130, 132, 135, 138, 140, 143, 146, 152
유락차산 116
유리다구 202, 317
유리잔 215, 216, 218
유성생식 78
유우석劉禹錫 131
유주 57
유호劉鎬 48
육계 100, 142, 170, 324
육납陸納 57
육대차류 126
육보차 92, 120, 144, 180

육보향 180
육안과편 92, 94, 133, 135, 159, 164, 268
육안녹차 182
육우 18, 26, 28, 32, 56, 58, 59, 76, 190, 202, 238, 247
육종 80, 81, 84
육지음 28, 57, 58, 60
육홍점 58
융중차 110
은시옥로 92, 110, 133, 159, 275
은아 110
은후 98
음용 56
음차도구 187, 201
음차문화 34
음차법 16, 22, 28, 33, 41, 55, 57, 188, 191, 192, 195, 196, 320
의방차산 116
의창 313
의창대엽 82
의춘 201
의홍宜紅 147
의홍 28, 30, 34, 41, 96, 110, 192, 193, 196, 200
의홍자기 192
의홍홍차 92
이기二㝢 173
이무易武 179
이아爾雅 46
이연표李聯標 80
이원차 102
이윤伊尹 58
이자평촌李仔坪村 175
이제물 54
이족 114, 118
이중방李中芳 193
이지구二之具 60
이차대주 22
이천은호 96, 98
이춘차 153
이홍갱홍차 297
이화품평 252
인공소종 184
인도 50, 73, 182, 184, 295, 302
인도종 66
일눈삼선 96
일본 50
일상다반사 38, 195

일조설청 92
일조이기 173
일주설아 98, 159
일지록 16
일지원 57, 59, 60
일창사기 323
일창삼기 143
일창이기 143, 323
임해반호 92, 98, 159, 266

(ㅈ)
자기 188, 200, 201
자사호 41, 42, 96, 193, 195, 196, 200, 201, 223, 231, 235, 236
자안子安 76, 136
자양모첨 112
자양취봉 112
자연과학 17, 57
자차법煮茶法 28, 33, 58, 59, 190
자차子茶 154
작설 77, 96, 98, 154, 163
잔 191
잡록雜錄 23
잡종 67
장강 22, 89, 100, 333
장뢰나무 145
장미 41, 135
장사시長沙市 178, 308
장안 57
장원張源 39
장유醬釉 191
장읍張揖 22, 188
장재張載 21, 22, 57
장족 114, 120
장족자치구 116, 120
장주卬州 308
장지동張之洞 296
장초청 132
장충차 110
장화張華 50
장흥 자순차 265
장흥 28, 30, 34, 313
재가공차류 125
쟈스민 148
적공 55
적차炙茶 192
전강휘백 98
전령은호 102

전마戰馬 38
전매제도 38
전봉설련 96
전자煎煮 209
전차磚茶 116, 145, 209
전차煎茶 133
전청 133
전통차예 311
전해우형지 116
전홍 147
전홍공부 92, 116, 291
절강성 22, 30, 54, 83, 84, 91, 98, 100, 116, 160, 161, 184, 187, 190, 251, 296, 298, 305, 307, 308, 311, 316, 317, 318
절홍浙紅 147
점차기 189
점차법 33, 36, 191, 243
접목법 78
정강취록 102
정계난향 92, 270
정산소종 92, 100, 146, 147, 183, 184
정세황鄭世璜 295, 296
정암차 170
정화공부 147
정화대백차 165, 166
정화백호은침 159
정화백호은침 277
정화현政和縣 165
제기말리모봉 149
제나라 19, 57
제남 308, 318
제산명편 94
제산모첨 94
제산취미 94
제수용품 21
제차 22, 23, 28, 29, 33, 39, 55, 125, 165, 180, 182, 191, 192, 195, 216, 253, 258
조대복趙大福 110
조백첨 82, 114
조백첨홍차 159
조여려 33
조조 21
조지 레이드 184
조차阜茶 76
조찬趙贊 47
조청전 110

조취차 106
조칠다구 201
종남모청 104
종자파종 79
종차從茶 76
좌사左思 57
주공 57
주구 196
주권 39
주나라 56
주란대방 149
주란황산모봉 149
주문청朱文淸 296
주산차 98
주석병 199
주원장 39
주조학 55
주차州茶 170
주철타차 102
주청做靑 130
죽순 61
죽엽청 92, 102, 114, 276
죽통산차 328
죽통차 92, 116, 325, 326, 329
죽통향차 289, 325
준의모봉 118, 159
중경 305, 307, 308, 311, 313, 316, 318
중경타차 288
중국종 69, 79
중국차경中國茶經 85
중국차수우량품종집 85
중국차수품종지 85
중국차엽박물관 307
중발효차 143
중원 26
중투법中投法 216
증산은호 104
증청 39, 96, 140, 192, 195, 325
증청녹차 39, 110, 126
증청단차 126
지리학 55
직근성 78
직조형 135
진공 18, 29, 30, 98, 100
진나라 48, 50
진명원陳鳴遠 196
진시황 16
진용경陳用卿 193

진운모봉 114
진중미陳中美 193
진파무호 112, 159

(ㅊ)
차 순가락 218
차건 213
차관茶館 34, 195, 198, 308
차괘 247, 248
차구 89
차나무 15, 19, 22, 30, 39, 49, 57, 59, 65, 67, 68, 70, 71, 73, 74, 75, 76, 79, 80, 81, 84, 91, 96, 143, 161, 169, 170, 174, 175, 183, 258, 302, 318
차농茶農 39, 79
차루茶漏 213
차루茶樓 195
차마고도茶馬古道 317
차마무역 27, 114
차마사茶馬司 38
차문화 17, 24, 26, 28, 56, 57, 58, 198, 295, 303, 305, 306, 312, 313, 318, 319
차문화학 57, 58, 312
차박람茶博覽 319
차반茶盤 198, 202, 212
차받침 218
차배茶杯 202
차사 61
차사茶肆 195
차산업 124, 295, 296, 297
차산지 61, 91
차색귀백 36
차선 33, 36
차세 38
차세제도 27
차속박물관 308
차수양종 85
차수육종학 85
차수품종지茶樹品種志 85
차시茶匙 33, 36, 213
차실茶室 240, 243
차실지화茶室之花 243
차양관茶樣罐 212
차업마애석각 317
차연 23
차엽 302

차엽연구소 80
차예 198, 240, 242, 247, 311
차예관 241
차예사 311
차완 44
차운산모첨 110
차원 78, 79, 81, 84, 170
차인정신 304
차전문학교 81
차주 198
차죽 19
차지茶池 213, 223
차茶 47, 55, 65, 187
차충 202
차칙 213
차침 213
차탁 193, 198, 202
차탕 26, 202, 216, 255, 257, 332
차통 189
차하 213, 234
차학학과 81, 306
차합 189
차협 213
차호 24, 41, 44, 193, 196, 202, 212, 231, 330
차화茶花 243, 247
차회茶會 23, 241, 248
차회지화茶會之花 243
찬림차 102
찻물 209, 210
찻잎 19, 55, 71, 125, 191, 193, 196, 202, 207, 210, 211, 215, 216, 217, 218, 224, 227, 231, 235, 236, 256, 260, 261, 262, 320, 323, 330, 331, 332
찻잔 61
찻통 202
창산설록 116
창오육보차 159
채다록採茶錄 48
채색자기 196
채화차 154
천도옥엽 92, 98, 159, 267
천량차 92, 104, 144, 179
천리향 142
천목청정 98
천문 318
천복차박물관 308
천부荈賦 188

천사기봉 102
천산은호 149
천산춘호 149
천아향명 94
천전天荈 21
천존공아 98
천주검호 94, 159
천지명호 159
천첨 104, 144
천청川靑 133
천태산 22
천태취봉 110
천호봉편 94
천홍 147
천화차 102
천荈 47, 48
철관음 44, 77, 100, 124, 142, 172
철라한 92, 142, 282
청나라 42, 126, 140, 168, 176, 180, 182, 193, 195, 196, 201, 202, 295, 300
청명 30, 153
청백유靑白釉 191, 192
청병靑餠 178
청성설아 114, 159
청심오룡 175
청암명취 104
청유靑釉 191
청자 200
청전차 332
청죽차 328, 329
청차 33, 39, 44, 79, 100, 124, 140, 169, 173, 174, 195, 255
청화자기 192
초청 192, 195
초청녹차 39, 126, 131, 160
초홍 161, 163, 164
촉구차 102
촉차蜀茶 28
추부자 54
추차 28
추출차 126
춘차 154
춘추전국시대 19, 46
춘호 98
취라 94, 96
취미금정차 102
취봉 98
취예 110

취화차 116
치자梔子 41, 77
칠기다구 201
칠완차가 47
칠자병차 44, 116, 179
칠조비각 36
칠지사七之事 56, 57, 60, 61
침주벽운 104
침형 98

(ㅋ)
카테킨 175
카페인 15, 207
키멜리아 시네시스 67

(ㅌ)
타가수정 75
타유차 333
타차 114, 116, 145
탄닌 152, 184
탄양공부 100
탄양坦洋 182
탈태칠기다구 201
탕물 228
탕병 190, 192, 213
탕색 73, 74, 215, 216, 261
탕제점 36
태고백호 102
태백은호 108
태백정아 98
태석고泰石鼓 175
태족 317, 325
태평후괴 92, 94, 133, 135, 159
태호벽라춘 92
태호취죽 92, 271
태호太湖 96, 161
토공품 19
통기성 74
통천암호 102
퇴적 145, 152, 179
투수성 74
투차 23, 36, 93, 191
티백 209, 218
티베트 50, 114, 116, 317, 330

(ㅍ)

파나마국제박람회 108
파나마대회 297
파나마만국박람회 296
파산 57, 59
파산은아 114
파양다구 201
파촉 17, 18, 19, 21, 114
파투巴渝 308
팔선운무 112, 159
팔지출八之出 60, 61
팽풍차膨風茶 176
편차片茶 33, 147
편평형 135
평수주차 98
평양황탕 98, 139
포랑족布朗族 325, 328, 329
포르투갈 50
포의족布依族 118
포종차 124
포종화차 149
포차법 41, 98, 192
폭포차 98
폴리페놀 73, 125, 126, 138, 208, 252
푸미족 323
푸얼차 231
품명배 212
품명品茗 240
품종 43, 67, 77, 78, 79, 165, 262
품차 54, 56
품평 보조사발 254
품평 252, 253, 254, 255, 258, 261
품평기록표 254
품평반 254, 255, 259, 260
품평배 254, 255, 256
품평사 253
품평수저 254
품평완 254, 255, 256, 261
품평저울 254
품평회 93
프랑스 43, 299

(ㅎ)

하남성 22, 84, 89, 108, 316, 318
하모도河姆渡 187
하문廈門 43, 318
하북성 108, 317
하서원차 104
하夏 75
학명 65
한나라 18, 57, 188, 299
한랭기 15, 30
한수은사 112, 159
한족 108, 114, 120
한해旱害 91
함내차 332
합니족哈尼族 325
합라자 106
항주 98, 160, 305, 307, 308, 311, 318
항缸 198
해구海口 123
해남성 91, 123, 184
해남홍차 123
해독작용 15
해마궁차 118
해청모봉 92
향고료백호 98
향빈오룡 176
향차 329, 330
허차서 39, 131
혁등차산革登茶山 116
혁살인향 161
협주벽봉 92, 110
협천 57, 59
형계운편 96, 98
형주 57, 188
형주백자邢州白瓷 190
형하荊河 34
혜맹신惠孟臣 193
혜명차 98, 296
혜산사惠山寺 54
혜제惠帝 22
호광湖廣 평야 110
호교胡勵 50
호남성湖南省 15, 18, 22, 91, 104, 143, 154, 184, 188, 296, 297, 298, 305, 307, 318
호북노청차湖北老青茶 126
호북성 91, 108, 110, 184, 296, 297, 305, 307, 318
호북흑차 92
호원회 36
호주湖州 54, 313
호포虎 160
호壺 198

홍쇄차 114, 116, 120, 126, 146, 209, 210
홍수오룡 176
홍점鴻漸 53
홍주갈색자 190
홍차 41, 73, 79, 91, 98, 110, 146, 152, 182, 184, 195, 208, 209, 210, 218
홍청 131
홍청녹차 126, 132, 163, 164
홍콩 305, 316
홍택호洪澤湖 94
화권차 180
화남차구 89
화무차 102
화북지방 108, 122
화북평원 94
화불차 116
화산회토 73, 74
화양국지19
화전차火前茶 154
화전花磚 92, 104, 144
화정운무 98
화중지구 28
화차 39, 41, 120, 126, 148, 196, 208, 209, 210, 225
황건적 21
황금계 92, 100, 142, 159, 173, 283
황단黃旦 173
황대차 94, 126, 140
황벽차 102
황사차 102
황산 녹목단 92, 135, 267
황산 22, 94, 163, 171
황산모봉 44, 92, 94, 133, 135, 159, 163, 268
황산은구 94
황석계모봉 94
황소차 126, 140
황아차 126, 140, 168
황염 142
황정견 23
황죽백호 104
황차 39, 98, 126, 138, 140, 167, 195
황탕모첨 114
황하 19, 108, 112
황화운첨 94
황회평원 108
회남淮南 34

부록_찾아보기 343

회미차 324
회족回族 104, 114, 118
회하淮河 94
횡현말리화차 92
후발효 114, 138, 178
후위록 22
휘문이 78
휘종 32
휘홍徽紅 147
휴녕송라 94, 159
흑모차 126, 180
흑유黑釉 191, 192, 200
흑전 92, 104, 332, 144
흑차 39, 91, 104, 110, 114, 116, 120, 126, 145, 178, 195
흡주 28